NO VAS A HEREDAR LA EMPRESA

ÁNGELA ESTEBAN

NO VAS A HEREDAR LA EMPRESA

Cómo acabar con el estrés en el trabajo antes de que acabe contigo

BRUGUERA

Papel certificado por el Forest Stewardship Council®

MIXTO
Papel | Apoyando la silvicultura responsable
FSC® C117695

Penguin Random House Grupo Editorial

Primera edición: octubre de 2025

Imágenes de las páginas 31, 37, 77, 147, 158, 162, 167, 173, 218 y 237: Fotoletra, S. L.
Resto de las imágenes, los iconos y los elementos decorativos del interior: iStock

Printed in Spain – Impreso en España

ISBN: 978-84-02-43058-8
Depósito legal: B-14.316-2025

Compuesto en Fotoletra, S. L.
Impreso en Rotoprint by Domingo, S. L.
Castellar del Vallès (Barcelona)

BG 3 0 5 8 8

Para quienes han sentido las llamas del *burnout*
y se han quemado en un mundo que aplaude la sobrecarga.
Que cada página les inspire a renacer de las cenizas,
a volver a brillar con la luz de su esencia
y a redescubrir el sentido de vivir.

ÍNDICE

4

Cuándo habría que hablar de dejar el trabajo

NOTA SOBRE LA GRAMÁTICA Y LOS SUCESOS DESCRITOS EN EL LIBRO

A pesar de que este libro está dirigido a todas las personas, con independencia de su identidad y expresión de género, al elegir la gramática que iba a usar al escribir, he decidido usar el femenino porque la mayoría de las personas que me siguen en redes y que acompaño en terapia son mujeres. Sin embargo, si este no es tu caso y también te sientes quemado, espero que puedas identificarte en estas páginas y extrapolar las descripciones a la situación que estás viviendo. Porque, al final, el *burnout* no discrimina a nadie ni a ningún género.

Por otro lado, quiero que sepas que los testimonios y ejemplos que leerás en este libro están basados en hechos reales de personas a las que acompaño en terapia. No obstante, he usado nombres ficticios y he modificado ligeramente sus relatos y experiencias para preservar su identidad e intimidad. Aun así, si sientes que los casos y relatos no recogen la complejidad de tu situación, espero que sepas que tu experiencia también es válida. He intentado exponer, con la mayor diversidad y variabilidad que he podido, los ejemplos que encontrarás en este libro.

Si durante la lectura sientes que las palabras que aparecen aquí te remueven o notas cierto grado de malestar, te recomiendo que pares y que continúes cuando te encuentres preparada. Es importante que escuches lo que tu mente y tu cuerpo te están diciendo y que adaptes el ritmo de la lectura a tus tiempos y necesidades. No hay prisa; mientras, aquí te estaré esperando.

No obstante, es importante recordar que este libro no sustituye un proceso terapéutico. Si vieras que ese malestar no se reduce, que necesitas algo más que esta lectura o que, a través de ella, te has dado cuenta de que necesitas ayuda profesional, te recomiendo encarecidamente acudir a terapia psicológica para disponer de una atención más individualizada y adaptada a ti y a lo que te está pasando.

INTRODUCCIÓN
EN LA UNIDAD DE QUEMADOS

Recuerdo la ilusión con la que empecé, en 2021 y con mis veinticinco años recién cumplidos, a trabajar en mi primer puesto laboral como psicóloga en un gabinete presencial de Madrid. Después de muchos años de formación y prácticas, por fin había llegado el momento de trabajar en mi profesión y de demostrar todos los conocimientos y habilidades que había adquirido.

Y así estaba cuando entré por la puerta el primer día; con algunos nervios, pero entusiasmada y con muchas ganas de empezar. Sin embargo, mi sorpresa fue grande cuando, nada más saludar a la chica de recepción que se iba a encargar de formarme y de explicarme los programas que utilizaban en el centro, me dio el ordenador y, sin mirarme, me dijo: «Toma, apáñatelas. Ya tienes a un paciente esperando fuera de tu despacho». Aunque sentí ese recibimiento como un jarro de agua fría, me dije a mí misma que no pasaba nada: no iba a dejar que eso me desmotivara y tendría tiempo para aprenderlo por mi cuenta.

A lo largo de ese día fui atendiendo a mis primeros pacientes y, cada vez que abría el programa de citas, mi sorpresa iba en aumento al ver que mi agenda se llenaba sin yo hacer nada. Días después llegué a un punto en el que me veía «corriendo» para poder darle una cita a la persona que estaba sentada delante de mí. Aun así, seguía pensando: «No pasa nada, será algo puntual o tendrán una larga lista de espera».

Pero, a medida que pasaban los días, la agenda seguía llenándose y preveía que, como siguiera así, el número de pacientes que podría llegar a atender a la semana se acercaría a los cincuenta. Para que te hagas una idea, actualmente suelo atender a unos seis pacientes por día (a veces han sido siete y, de forma muy puntual, ocho), pero en ese centro la media estaba entre nueve y once. Además, esas citas de cuarenta minutos siempre debían darse seguidas unas de otras, sin ningún minuto libre entre medias. De esta manera, mi único descanso era la hora de comer, momento que también aprovechaba para preparar las sesiones del día e ir al baño.

«Así será la vida laboral, Ángela, tienes que adaptarte», recuerdo que me decía a mí misma, pues no tenía otra experiencia personal con la que compararla. Así que intenté centrarme en otros aspectos de ese ámbito: las compañeras del trabajo. El único momento del que disponía para socializar con ellas era durante la hora libre de la comida, pero muy pronto me di cuenta de que, incluso en ese espacio, solo se hablaba de trabajo: de la carga de pacientes, de la ansiedad que sentían, de quién acababa de entregar su carta de renuncia, de que a la jefa no le gustaba que socializáramos entre nosotras, etc.

Esa jefa que durante la entrevista de trabajo me ofreció seguimiento, formación y cercanía resultó ser la misma que, las pocas veces que se pasaba por el gabinete, te criticaba, te decía que no eras lo suficientemente buena y te exigía sin límites. De hecho, mis pensamientos empezaron a girar en torno a eso: «A lo mejor tiene razón y el problema soy yo»; «Quizá no valgo para esto y he tirado por la borda años de formación»; etc.

Y, así, **empecé a quemarme**: con una ansiedad constante que se presentaba de diversas formas (temblores, respiración acelerada, presión en el pecho, tensión muscular, insomnio, náuseas, etc.), con la mirada perdida en el trayecto de ida y vuelta sin llegar a ver nada realmente, con un agotamiento emocional y físico que no me dejaba hacer otra cosa que no fuera llegar a casa y tumbarme (porque hasta el ocio y mis aficiones habían dejado de tener espacio en mi vida o no los disfrutaba igual que antes), con unos sentimientos de desesperanza y desmotivación que me acompañaban desde el momento en el que ponía un pie fuera de la cama, con un diálogo interno de autosabotaje sobre mi valía a nivel profesional y personal que hacía que el «hoyo» en el que me encontraba cada vez fuera más profundo, y con una sensación de extrañeza y tristeza cuando me miraba en el espejo y me costaba reconocer a la persona que me devolvía la mirada.

Recuerdo que **me sentía como la mayor impostora del mundo; dando consejos a mis pacientes que ni yo misma seguía**. Sobre todo, con aquellas personas a las que acompañaba y que, irónicamente, también se encontraban quemadas con sus respectivos trabajos. Y fue a raíz de eso y de las numerosas charlas con mi entorno más cercano cuando me di cuenta de que estaba en una espiral descendente de la que solo yo podía salir. Que tenía que dejar de cargarme la espalda con excesivas tareas o con responsabilidades que no eran mías (al fin y al cabo, yo no iba a heredar la empresa), que tenía que dejar de cerrar mi boca y tragar mis palabras para empezar a poner límites y decir las cosas que realmente necesitaba comunicar y expresar, y que tenía que dejar de hacerle hueco a los comentarios hirientes y destructivos que entraban por mis oídos para empezar a ponerlos en duda y confrontarlos antes de que me siguieran hundiendo. En definitiva, me di cuenta de que tenía que dejar de conformarme con menos para empezar a buscar más de lo que, en realidad, sabía que merecía.

Gracias también a los maravillosos pacientes que atendía, no solo descubrí que me gustaba trabajar como psicóloga, sino que me llenaba completamente. En ese momento entendí que podía trabajar de ello, pero no de esa manera, ni tampoco en esas condiciones. Así que, antes de que todo siguiera descarrilando, decidí coger las riendas de la situación y me prometí a mí misma que **iba a dejar de ser una mera espectadora de mi agotamiento y de mi vida para volver a participar en ella**. Brillando, pero sin volver a quemarme.

Y es que en un mundo donde el ritmo de vida cada vez es más acelerado, donde la excelencia y la productividad se premian por encima de todo y donde nos han enseñado que el trabajo es, o debería ser, lo más importante, resulta muy difícil no acabar quemándonos laboralmente en algún momento de nuestras vidas.

Porque ¿a quién no le han dicho alguna vez cosas como: «Tú, hija mía, lo que tienes que hacer es estudiar para que el día de mañana puedas tener un buen trabajo»? Es muy probable que hayamos integrado ese «discurso de la meritocracia» cuando **nos han dicho que nuestra única preocupación en la vida debe ser trabajar duro y esforzarnos para alcanzar un puesto que nos proporcione estabilidad**. Pero ¿qué pasa cuando ese puesto de trabajo llega y no nos sentimos como se supone que deberíamos hacerlo? Que nos seguimos esforzando todavía más y pensamos que el error es nuestro porque, como bien nos han dicho una y otra vez, «con esfuerzo y constancia todo se consigue».

Y así, sin darnos cuenta, nuestra vida ha pasado a ser una lista interminable de tareas pendientes y, por mucho tiempo y empeño que le pongamos, lejos de disminuir, esta solo sigue aumentando. Lo que nos hace sentir que nada de lo que hacemos es suficiente. **Nos hemos acostumbrado a levantarnos con presión en el pecho y con largos suspiros**, pensando en todo lo que tenemos que hacer ese día y automatizando una rutina de desesperanza, apatía y cansancio en la que nos convertimos en espectadoras pasivas de nuestra propia vida. Incluso antes de entrar a trabajar estamos pensando en salir, pero, cuando lo hacemos, estamos tan agotadas física y mentalmente que, al llegar a casa, nos sentimos incapaces de no hacer nada más que no sea tumbarnos y, a veces, llorar.

Y eso si nuestra autoexigencia y culpa nos lo permiten y no toman el mando: en ese caso, aparecen los terribles «debería hacer», «tengo que» o «no debería», y **acabamos midiendo el tiempo en términos de productividad y utilidad; siempre en movimiento, siempre haciendo**. Porque pensamos que dejar de hacerlo o bajar la intensidad equivaldría a admitir que no somos suficientes, que todo por lo que hemos pasado antes sería en vano, que seríamos un fracaso, que decepcionaríamos a los demás y que nos convertiríamos en la excepción a los famosos «cuando se quiere, se puede» o «con trabajo y constancia todo mejorará».

De esta manera, el trabajo acaba convirtiendo nuestra vida en un bucle de acciones ininterrumpidas: despertarse, ir a trabajar, realizar tareas cada vez con menos ilusión, recibir más trabajo y menos reconocimiento, intentar cumplir con las expectativas de los demás, soportar ciertos comentarios, fingir que estamos bien y que podemos con todo, llegar a casa, pensar en qué momento nuestra vida empezó a ser así, y vuelta a empezar.

Por ello, si este libro ha acabado en tus manos y te has sentido identificada con estas palabras, imagino que tendrás una idea muy clara de lo que se siente al estar quemada. Pero no te equivoques; no quiero que pienses que este es el típico libro que te vende soluciones mágicas y rápidas del tipo: «Separa la vida laboral de la personal»; «Lo que necesitas es dormir bien», o «Si tanto te quejas del trabajo, déjalo». En estas páginas tampoco encontrarás esa retroalimentación invalidante o competitiva que, en ocasiones, solemos recibir cuando nos atrevemos a dar el paso de decirle a otra persona cómo nos sentimos: «¿Te quejas por eso?»; «¿Qué te esperabas? Así es el mundo laboral»; «Eso no es nada comparado con lo mío, mi trabajo es mucho peor»; «Las nuevas generaciones no aguantáis nada, en mi trabajo no hubierais durado ni el primer día»; etc.

Aquí encontrarás un espacio seguro y cercano en el que puedas refugiarte tras llegar a casa después de una agotadora jornada laboral, en el que puedas quitarte esa «máscara» que te colocas diariamente para fingir que todo está bien, en el que puedas identificar todo aquello que esté influyendo negativamente en ti y en el que puedas ponerle remedio a través de distintos recursos y herramientas.

Espero que, aunque yo no esté delante de ti, **sientas mis palabras como un abrazo invisible o como una mano amiga en medio de tanta oscuridad**. Porque no estás sola, no tienes que conformarte con menos, y tus emociones y vivencias merecen ser escuchadas y atendidas. **Porque los «no pasa nada» sí pasan, y son importantes.** Y, a veces, lo único que necesitamos es un pequeño empujón para poder vernos, valorarnos y cuidarnos, pero no precisamente por nuestra capacidad de trabajo, sino por quiénes somos.

EJERCICIO

Antes de comenzar este viaje, me gustaría saber cómo ha acabado este libro entre tus manos. ¿Es a modo preventivo porque sientes que estás empezando a quemarte? ¿Es un grito de socorro porque piensas que ya lo estás? Reflexiona sobre las razones que te han podido llevar hasta aquí.

Ahora, **quiero que te pongas delante de un espejo y**, mientras visualizas a esa persona que está quemada, **respondas a estas preguntas**:

- ¿Cómo es la persona que te devuelve la mirada en el espejo? ¿Eres capaz de reconocerte? ¿Sientes que te cuesta? Si es así, ¿por qué crees que puede pasar?
- ¿Qué señales de agotamiento físicas eres capaz de identificar?
- Y sobre aquellas que no se ven a primera vista: ¿qué puedes decirme? ¿Qué emociones te parece que puedes estar sintiendo? ¿Cómo es tu diálogo interno últimamente?
- Si pudieras hacer o decir lo que piensas sin miedo a ser juzgada o al qué dirán, ¿qué harías o dirías?
- ¿Qué podrías hacer tú hoy para ayudar a esa persona que te devuelve la mirada en el espejo?

¿Qué pretendes conseguir con la lectura de este libro? ¿Estás dispuesta a comprometerte, a realizar los cambios que necesitas y a **poner en práctica los recursos que encontrarás en estas páginas para evitar seguir quemándote**?

1

EL SÍNDROME DE QUEMARSE POR EL TRABAJO

Cuando estaba estudiando la carrera de Psicología, recuerdo que, como mi casa estaba algo lejos de la universidad, me inventé un «pasatiempo» para que mi recorrido en el metro fuese más ameno: observar a las personas (expresiones, posturas, vestimentas, comportamientos) y hacer reflexiones e hipótesis sobre ellas (estado de ánimo, trabajo, de dónde venían, a dónde iban).

La mayoría estaba absorta en sus teléfonos, pero también había quienes charlaban entre sí de manera animada, los que llevaban su vaso de café humeante, los que repasaban sus apuntes, los que movían el pie al ritmo de la canción que iban escuchando, los que siempre tenían un libro entre sus manos. Y luego estaban aquellos que, con el conocimiento que me ha dado la experiencia de estos años, definiría como «los quemados».

Sin ir más lejos, estoy escribiendo estas palabras en una cafetería en el momento exacto en el que escucho a las empleadas quejándose de su trabajo y comentando cómo podría mejorar el funcionamiento del establecimiento y las condiciones laborales para estar menos desbordadas y trabajar mejor.

Estoy segura de que, si tú también pusieras esto en práctica y te sentaras a observar a las personas de tu alrededor durante algunos minutos, percibirías ese tipo de señales o escucharías este tipo de comentarios: «Estoy harta de mi jefa»; «Tengo que seguir aguantando»; «A ver si con suerte hoy salgo a mi hora»; «Me han vuelto a cambiar el día»; «Mi escritorio está lleno de tareas pendientes»; «Tengo miedo del trabajo que me esperará a la vuelta de mis vacaciones»; «No me da la vida»; etc.

Sin darnos cuenta, **hemos acabado normalizando el sufrimiento y la creencia de que trabajar es sinónimo de quemarse, y de priorizar el rendimiento** por encima de nuestra salud, estabilidad, familia, pareja u ocio; es decir, **por encima de nosotras mismas**.

De hecho, revisando las solicitudes de terapia que me han ido llegando en los últimos años, yo misma me he dado cuenta del repunte significativo que ha habido (en torno a **un 60 % o 70 %**) de aquellas cuyo motivo de consulta, principal o secundario, es el trabajo.

> «Me acaban de ascender en el trabajo y, aun así, me siento en plena crisis existencial. Hay demasiadas cosas en mi vida que no funcionan, pero, al haberlas mantenido durante años, trato de aferrarme a que es posible seguir con ellas con el paso del tiempo. Por otra parte, hay veces que me encuentro tan quemada que solo pienso que lo mejor es desengancharme cuanto antes por lo sano, pero tampoco encuentro el valor para hacerlo».

> «Estoy atravesando un periodo de estrés bastante grave que me genera ansiedad. Soy estudiante de [...], me encuentro terminando el grado y comenzando a estudiar [...]. Al mismo tiempo lo compagino con el trabajo, tal como llevo haciéndolo los últimos cuatro años. Siento que ya no puedo más y que esta situación me está sobrepasando».

> «El motivo de consulta es, principalmente, la ansiedad que me provoca mi trabajo y que no sé gestionar. Siento que está repercutiendo en mi autoestima y no sé cómo lidiar con ciertas situaciones dentro mi entorno laboral y personal».

«Principalmente he decidido dar el paso por mi trabajo. Me está generando mucha ansiedad por las responsabilidades que tengo en él. Tampoco sé si realmente me gustaría seguir trabajando en esto en el futuro o son solo mis miedos».

Puede que algunas de estas palabras coincidan contigo y con tu situación actual. Si es así, vamos a descubrir juntas a qué puede deberse y qué podemos hacer. Mientras, te dejo esta pregunta para la reflexión:

¿Crees que vives para trabajar o que trabajas para vivir?

Qué es el *burnout* y cómo saber si estoy quemada

El **síndrome de *burnout***, o síndrome de estar quemado o de desgaste profesional, fue descrito en 1974 por el psicólogo Herbet Freudenberger, quien explicó la elección de dicho término:

«Me he dado cuenta de que la gente es, a menudo, víctima de un incendio, como los edificios. Bajo la tensión producida por la vida en nuestro mundo, cuando sus recursos internos llegan a consumirse, como bajo la acción de las llamas, no les queda más que un vacío inmenso en su interior, incluso aunque su aspecto externo parezca más o menos intacto».

A pesar de que en este libro vamos a hablar del *burnout* en el entorno laboral, quiero hacer un pequeño hincapié para indicar que este también puede surgir en el académico (aunque volveré a hacer referencia a esto más adelante). La educación de la familia y del profesorado, junto con la presión y las expectativas laborales (sobre todo si estas son muy estrictas o elevadas), pueden ser los ingredientes de un peligroso «cóctel molotov» que puede quemar a la población estudiantil desde edades muy tempranas.

De hecho, según un estudio realizado por la empresa Buk en el año 2023, el 48% de las personas menores de treinta años tiene mayor riesgo de sufrir *burnout* (en comparación con el 40% de las personas de treinta años o más); y es la generación Z (nacidos entre 1995 y 2009) la que siente menos motivación y entusiasmo por su futuro laboral.

Retomando el concepto de *burnout* laboral, desde su primera mención en 1974, los estudios e investigaciones sobre el tema no han dejado de proliferar y han surgido una gran variedad de definiciones. Basándome en aquellas que he estado leyendo de algunos expertos en el tema, como Freudenberger y Maslach, se ha visto que hay un consenso generalizado a la hora de definirlo:

> El *burnout* se define como **el estado de agotamiento que surge por estar expuesto, de manera prolongada, a unos niveles de estrés crónicos e interpersonales** que surgen en el ámbito del trabajo y que tienen unas consecuencias negativas en la persona.

Además, el psicólogo Lovo (2021) añade que las profesiones que requieren de una relación directa y continuada en el tiempo con el público (por ejemplo: médicos, enfermeras, profesores, camareros, etc.) tienen mayores probabilidades de desarrollar *burnout*. Se observó que los profesionales de la salud tienen una prevalencia del 51,98%, lo que quiere decir que uno de cada dos médicos puede estar quemado en su trabajo.

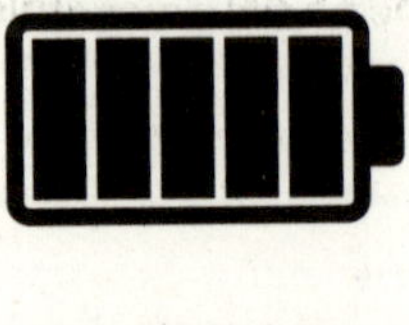

Pongamos un ejemplo más visual del concepto de *burnout*. Visualiza una pila. Esta indica el rango de intensidad emocional y física que puedes llegar a experimentar y, **en función de su carga, tu nivel de rendimiento, productividad y estado de ánimo será mayor o menor**. Hay muchas situaciones en tu trabajo que seguramente puedan estar consumiendo la batería de tu pila: el exceso de trabajo, la falta de recursos, los correos o mensajes que recibes fuera del horario laboral, la falta de control de tu tiempo libre, la inestabilidad y precariedad laboral, la falta de reconocimiento y valoración, el clima laboral negativo, etc.

Algunos de estos ejemplos pueden aparecer de manera puntual, pero, si se mantienen de manera constante y prolongada, es imposible recargar la pila para hacer frente a todas esas situaciones. Y es ahí cuando hablamos de *burnout*: estamos tan quemadas que, **a pesar de haber agotado todos nuestros recursos internos y sentirnos sin energías, no podemos liberarnos de la sensación de que tenemos que seguir adelante**. Que tenemos que seguir haciendo cosas y que no podemos, o no se nos permite, parar. Es una sensación de agotamiento sordo que siempre está de fondo y que nunca desaparece, ni siquiera si es nuestro día libre o si descansamos.

Por tanto, podríamos decir que el *burnout* equivaldría a **vivir y trabajar, durante mucho tiempo, con los niveles de esa batería al mínimo** y en rojo; incluso aunque ese desgate sea obvio y nos esté generando unos síntomas y unas consecuencias negativas.

EJERCICIO

Basándote en la metáfora que acabas de leer, quiero que pienses en todas aquellas situaciones laborales que puedan estar gastando diariamente la energía de tu pila. Estima cuánta carga pueden estar consumiendo aproximadamente (del cero al cien por ciento) y colorea el dibujo de la pila en función del porcentaje que acabas de estimar.

¿Cuánto nivel de batería te sobraría al descontar la energía que has gastado?

Puede que este ejercicio te remueva un poco si descubres que tu batería está «ardiendo» y apenas te sobran energías. Si es así, quiero que sepas que valoro el hecho de que ahora mismo estés leyendo estas palabras. Significa que, **a pesar de tener la energía en reserva y bajo mínimos, estás sacando fuerzas para leerme e intentar que tu situación cambie.**

¿SABÍAS QUE...?

- Las **primeras investigaciones** sobre el *burnout* tenían una visión individualista que consideraban al trabajador como el único «culpable», sin tener en cuenta la influencia del entorno laboral.
- A pesar de que la primera mención del *burnout* fue en 1974, la **Organización Mundial de la Salud** no lo reconoció oficialmente como un problema de salud relacionado con el trabajo hasta 2019.
- Aunque este síndrome **no hace distinciones** y puede afectar a cualquier persona, inicialmente el *burnout* solo se aplicaba a los trabajadores de la salud.
- El síntoma de agotamiento emocional es más común en **mujeres**, mientras que el de despersonalización es más habitual en **hombres**, según un estudio de 2023 de la Universidad de La Laguna.
- **Siete de cada diez personas** que trabajan han experimentado síntomas de *burnout*, según el estudio *Global Workforce of the Future 2023*, elaborado por el grupo Adecco.
- **España es el sexto país** con mayores síntomas de agotamiento en el trabajo.

Estos datos tan esclarecedores destacan la importancia de identificar las señales del *burnout* a tiempo para prevenirlo y tratarlo de la forma más adecuada. Por eso no podemos definir el *burnout* sin nombrar sus **tres dimensiones principales**, que, según Maslach, Schaufeli y Leiter (2001), son las siguientes:

- **El agotamiento y el cansancio abrumador.** Seguramente este síntoma sea el que más reconozcas, ya que es el más visible e identificativo del *burnout*. Te identificarás con él si estás tremendamente agotada, cansada y exhausta, y sientes una profunda fatiga física y mental. Hay muchas situaciones que han podido llevarte a ese estado, pero lo que está claro es que te resulta muy difícil concentrarte, notas que tu rendimiento ha disminuido y el simple hecho de ir y volver del trabajo te supone un gran esfuerzo.

> Así es como empezó el *burnout* para Ana, quien, a sus treinta y cinco años, trabajaba como abogada en un despacho. No tenía ni la más mínima energía ni sabía cómo reponer sus fuerzas. Su lista de tareas no dejaba de aumentar y, cuando terminaba una, solo pensaba en las que le quedaban; no podía centrarse en lo que había logrado, porque su pila de «pendientes» ocupaba todo su espacio mental. Tampoco ayudaban los «sutiles» recordatorios que enviaba su jefe por correo a cualquier hora del día. Ese ritmo que llevaba empezó a pasarle factura: presión en el pecho, problemas gastrointestinales, falta de energía, mareos, etc.; dormir de manera continua o despertarse descansada incluso se convirtieron en todo un reto para ella. Aun así, por muy extenuada que estuviese Ana, se sentía como la corredora de una maratón a la que no recordaba haberse apuntado, pero en la que tampoco sabía cómo detenerse.

- **La despersonalización y el desinterés por el trabajo.** Es el medio al que recurre tu mente para distanciarte psicológicamente de tu trabajo; es decir, la sensación de ser una observadora externa y pasiva de tus acciones, sentimientos y de tu vida en general. Metafóricamente, es como si vieras el mundo a través de una cámara y el cristal se interpusiera entre el exterior y tú. Muchas personas que se han identificado con este síntoma se han definido a sí mismas como «robots» que evitan sentir o que ignoran activamente sus emociones, para poder continuar con sus quehaceres diarios. De esta manera, no solo dejas de reconocerte a ti misma, sino que cualquier interés o entusiasmo que hubieras tenido por tu trabajo se ha reducido o desaparecido.

Cuando Juan, a sus veintiocho años, se anuda la corbata y se mira en el reflejo, siente que no se reconoce. Le da la sensación de que, en vez de haber pasado solo unos meses desde que estuvo delante de ese mismo espejo arreglándose para su primer día de trabajo como contable, han sido años. Ahora se siente como un robot en el trabajo, haciendo más tareas y sintiendo cada vez menos. Lo que no sabe Juan es que esa es la manera que ha encontrado su mente para sobrellevar esa situación. Él cree que, cuanto más se distancie emocional y físicamente del trabajo, mejor lo llevará. Pero nada más lejos de la realidad, puesto que, cuanto menos se reconozca y más pierda el sentido de sí mismo, más difícil le resultará darse el valor que realmente se merece.

- **La ineficacia y la falta de logros.** Si te encuentras en una situación laboral en la que las demandas son constantes y abrumadoras, estás completamente agotada y cansada, cada vez te sientes más como una intrusa de tu propia vida, el interés y la motivación por tu profesión sigue disminuyendo y no se reconoce o valora lo que haces diariamente, es inevitable que todo eso acabe afectando también a tu eficacia y productividad en el trabajo. Como resultado, puede que sientas dificultades a la hora de desenvolverte en determinadas situaciones o de realizar ciertas tareas, lo que te genera un gran sentimiento de ineficacia que te hace dudar de tu valor como profesional y de tu desempeño laboral.

María, profesional de recursos humanos, de cuarenta y dos años, empezó su trabajo con mucho entusiasmo y pasión, y muy pronto se convirtió en un pilar fundamental de su equipo. Sin embargo, con el paso del tiempo, ese entusiasmo inicial empezó a disminuir a medida que las responsabilidades y la falta de reconocimiento aumentaban. Sentía que se esperaba mucho de ella, a pesar de que muchas de las tareas que se le asignaban eran poco claras o no disponía de los recursos que necesitaba para hacerlas correctamente. Aun existiendo estas dificultades, María no cuestionó esas condiciones, sino su propia capacidad para trabajar, su valor como profesional y su ineficacia en general.

A pesar de que estos síntomas son los más comunes y representativos del *burnout*, según Gil-Monte (2005), **se han llegado a identificar más de cien síntomas** que pueden afectar significativamente, y de distintas maneras, a la persona que lo padece. Algunos de estos síntomas son los siguientes:

EMOCIONALMENTE

- Agotamiento y desgaste emocional
- Retraimiento o inhibición emocional
- Irritabilidad y mal humor
- Sentimientos de culpa
- Enfado y agresividad
- Agobio o ansiedad
- Tristeza o depresión
- Aburrimiento
- Nerviosismo
- Impaciencia
- Frustración

MENTALMENTE

- Sentimiento de impotencia para el desempeño del rol profesional
- Percepción de trabajar mal o no ser lo suficientemente buena
- Necesidad de tenerlo todo controlado
- Sensación de no ser valorada
- Baja realización profesional
- Diálogo interno saboteador
- Pensamientos catastróficos
- Elevada autoexigencia
- Baja autoestima
- Inseguridad

FÍSICA O FISIOLÓGICAMENTE

- Dolores de cabeza y de espalda (u otras partes del cuerpo)
- Alteraciones hormonales y gastrointestinales
- Trastornos del sueño
- Falta de energía y cansancio
- Tensión muscular
- Fatiga crónica
- Hipertensión

CONDUCTUALMENTE

- Disminución del rendimiento y de la productividad
- Mala calidad en las intervenciones del trabajo
- Problemas atendiendo a los clientes
- Cinismo o despersonalización
- Dificultad para poner límites
- Enfrentamientos y conflictos
- Bajas laborales
- Aislamiento
- Absentismo
- Abandonos

EJERCICIO

¿Crees que lo que te está pasando a nivel laboral también está afectando al resto de tu vida?

A pesar de que estos síntomas pueden haberse originado en el ámbito laboral, **la realidad del *burnout* es que también pueden surgir fuera de este**. Observa esta «ruleta» con las principales áreas de tu vida. Lee y sigue los pasos que se indican a continuación. Puedes hacerlos mentalmente, pero te recomiendo desarrollarlos por escrito:

1. Reflexiona cómo puede estar afectando el *burnout* en las distintas áreas de tu vida.
2. A partir de esa reflexión, da una puntuación en función de las consecuencias que has identificado, siendo 10 «totalmente afectada» y 0 «nada afectada».
3. ¿Qué crees que debería de pasar, o qué podrías hacer, para que las puntuaciones que acabas de dar en el paso anterior fueran aún mejores?

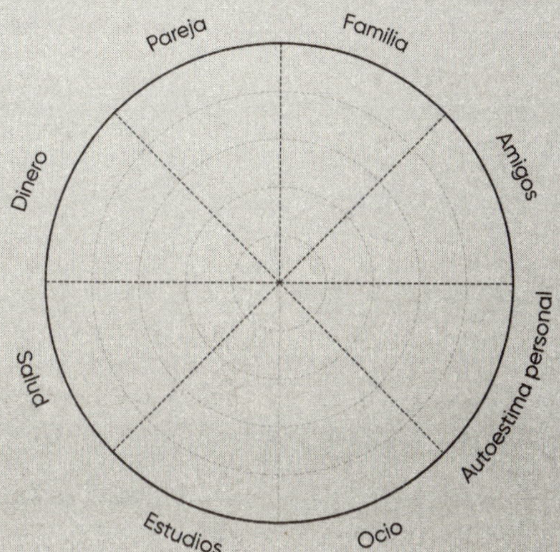

En caso de dudas, he aquí un ejemplo como referencia:

Amigos. Creo que el *burnout* está deteriorando la relación que tengo con mis amistades. Debido al agotamiento constante que siento, cancelo con más frecuencia los planes a los que me invitan, y también estoy tardando más tiempo en contestar sus mensajes. Como consecuencia, no cuentan tanto conmigo y los noto enfadados.

Puntuación: 6. Creo que podría mejorar si les explicara por qué estoy así y cómo me estoy sintiendo con mi trabajo. Así no solo entenderían mejor la razón de mi actitud, sino que también podrían aconsejarme o, al menos, escucharme y apoyarme. También podría sugerirles yo otros planes que me vea capaz de hacer y que no requieran de tanto esfuerzo físico o mental. En cuanto a los mensajes, si en un momento determinado no me viera con las ganas suficientes para responderles, podría decirles simplemente que estoy cansada y que, en otro momento, les contestaré.

Cuando la llama se convierte en un incendio

Es probable que, tras reconocer algunos de los síntomas que pueden estar indicándote que tienes *burnout*, te vengan a la mente las siguientes preguntas:

¿Cómo he llegado a este punto?

¿Cómo he acabado así?

¿Qué ha podido pasar para estar tan quemada?

¿Cómo no me he dado cuenta antes?

Sin embargo, para responder a estas preguntas, antes debemos hablar del estrés y de sus fases. Selye (1956), considerado el «padre del estrés», lo definió como «la respuesta no específica del organismo a toda demanda que se le haga». Además, en función de las consecuencias que tuvieran en la persona y en su capacidad de afrontamiento, estableció **dos tipos de estrés**:

- **Estrés positivo (o «euestrés»).** Se considera una respuesta adaptativa, porque te moviliza y te ayuda a responder correctamente ante ciertas situaciones, poniendo toda tu atención, motivación y energía en el proceso. Se considera estrés «positivo» porque, a pesar de que puedas sentir algunos síntomas característicos del estrés, estos no son muy intensos y suelen desaparecer a corto plazo o cuando la situación se resuelve. Por ese motivo, no tienen (o muy pocas) consecuencias dañinas en tu organismo. Puede surgir ante una entrevista de trabajo, un examen, una exposición oral o una tarea que es más novedosa o distinta de lo normal (siempre y cuando no sobrepasen tus habilidades ni tus capacidades).

- **Estrés negativo (o «distrés»).** Se considera una respuesta desadaptativa, porque no te ayuda a responder adecuadamente ante ciertas situaciones, más bien te limita o incluso te «bloquea». En este caso, sabes perfectamente cómo puede estar afectándote el estrés, ya que eres capaz de identificar una gran variedad de síntomas que son muy intensos y duraderos. Por ello, tienen unas consecuencias muy dañinas para tu organismo.

Como hemos visto, **si se da de manera prolongada en el ámbito laboral** sin ningún tipo de mejoría o cambio, **estaríamos hablando de *burnout*.**

Después de ver estos dos tipos de estrés, te habrás hecho una idea de que, muy probablemente (sobre todo si has decidido leer este libro), la relación que mantienes con el estrés «negativo» es mucho más cercana que la que tienes con el «positivo» (al experimentar la primera de manera más frecuente que la segunda).

Si es así y crees que estás quemada (o que estás cerca de estarlo), te animo a seguir leyendo estas páginas para entender, paso a paso, cómo se puede desarrollar el *burnout* a través de sus **fases**:

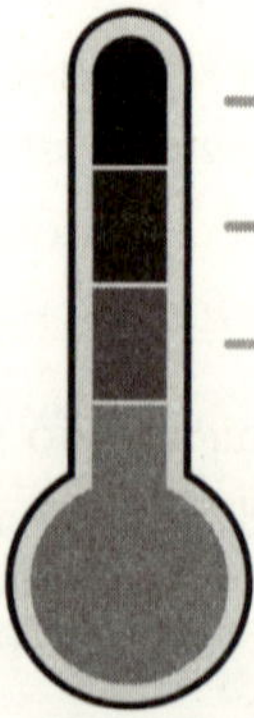

- **Fase de alarma.** Cuando te expones por primera vez a una situación desconocida o estresante, tu organismo reacciona como si te encontraras ante una amenaza. En esta fase se ponen en marcha diversas reacciones, que son principalmente fisiológicas (aunque también pueden surgir conductuales y mentales): se aumenta la frecuencia cardiaca, la tensión arterial y el ritmo de la respiración, se da una tensión generalizada en los músculos y se produce la liberación de algunas hormonas (entre ellas, la adrenalina y la noradrenalina, las cuales se activan en situaciones de estrés y desencadenan una serie de reacciones que van a poner a tu cuerpo en alerta con el objetivo de poder reaccionar ante el «peligro»).

Laura, a sus treinta y siete años, lleva varios meses trabajando en una empresa de finanzas y seguros, un puesto para el que tuvo que recibir dos semanas de formación. Aunque en esas semanas iniciales debió sacar más tiempo fuera de su jornada laboral para poder estudiar la nueva información, ha conseguido adaptarse y realizar sus funciones correctamente. Sin embargo, debido al aumento de clientes y la falta de trabajadores, Laura ha recibido tareas que sobrepasan los conocimientos y habilidades que aprendió durante la formación inicial. A raíz de eso, está empezando a sentir más ansiedad: taquicardias, respiración acelerada, dolor de cabeza y de espalda, presión en el pecho, pensamientos catastróficos y negativos, etc.

- **Fase de resistencia.** Si dicha situación no se ha resuelto o si surgen otras situaciones desconocidas y estresantes (es decir, si la fase de alarma se mantiene en el tiempo o esta se produce de manera reiterada), estarías entrando en la fase de resistencia. Inicialmente, tu cuerpo se adapta a este estado y se crea, como el nombre de la fase indica, una resistencia al estresor. Al principio, tal vez sientas una cierta mejoría y algunos de los síntomas que has leído en la fase anterior pueden disminuir o incluso desaparecer. Sin embargo, es inevitable que acabe llegando el cansancio y, con él, los primeros síntomas como consecuencia de ese esfuerzo extra que están realizado tu cuerpo y tu mente para adaptarse a la situación: dolores de cabeza, alteraciones del sueño, fatiga, tensión, contracturas musculares, cambios de humor, estado de ansiedad, apatía, etc.

Puede que Laura se encuentre estancada ante esas nuevas tareas que le han impuesto y que sobrepasan sus conocimientos y habilidades, y que, incluso, tras realizarlas con mucho esfuerzo, no se sienta aliviada y pueda «bajar la guardia» porque después hay otras nuevas. Lo que está claro es que, en cualquiera de estos dos casos, Laura está continuamente expuesta a unas situaciones estresantes de las que es incapaz de huir. Por tanto, tanto a su mente como a su cuerpo (leales defensores de Laura ante la constante exposición al «peligro») no les ha quedado otro remedio que hacer un esfuerzo extra para adaptarse a dicha situación. Sin embargo, su energía no es infinita y no puede evitar que el cansancio y el agotamiento surjan, así como otros síntomas derivados del estrés.

- **Fase de agotamiento.** Cuando la capacidad de resistencia disminuye y se agota, entras en la fase de agotamiento. Esta es la más perjudicial para tu organismo; vuelves a sentir las reacciones que has visto en la fase de alarma, junto con otras consecuencias igual de dañinas (y que has podido leer en los síntomas que se recogen en las páginas anteriores). Inevitablemente, en esta fase **empiezas a quemarte y se inicia tu *burnout*.**

Si a la situación actual de Laura (que sigue sin cambiar) le sumamos algunos de los «ingredientes estrella» que pueden llevar al *burnout* (como la falta de reconocimiento por su trabajo, la sobrecarga de tareas o la mala relación con los compañeros o superiores, algunas de las cuales veremos en profundidad en las siguientes páginas), puede que hasta la palabra «agotamiento» sea insuficiente para definir ese estado. Ante la falta de cambios de la situación de Laura, su mente y su cuerpo han vuelto a mandarle señales, pero esta vez son más intensas: ataques de pánico, ansiedad, insomnio, problemas gastrointestinales, dolores de cabeza, sensación de fracaso, tristeza, dificultad para concentrarse, etc. Son el último recurso que tienen, un grito desesperado por protegerla. No obstante, a pesar de todas estas advertencias, Laura se encuentra tan quemada física y mentalmente que, y justo por esa falta de energía, no sabe cómo salir de ese bucle.

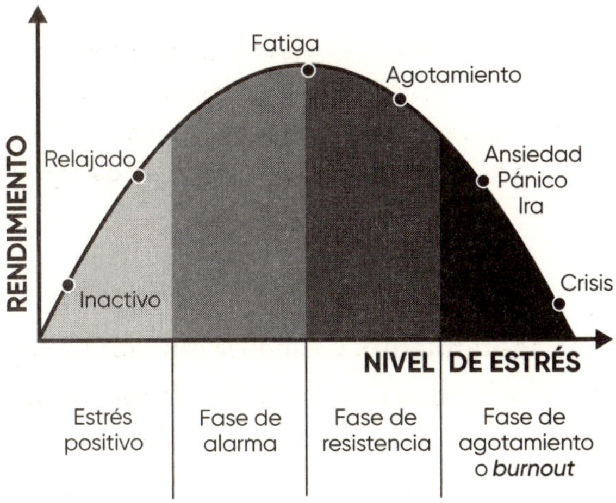

Visto así, desglosado por sus fases y sus características, **parece algo fácil de detectar y de parar a tiempo**. Puede que incluso te estés regañando por no haber sido capaz de identificar estas etapas que, tras leerlas, te han resultado tan obvias y previsibles. Sin embargo, quiero que sepas que la mayoría de las veces no son tan fáciles de identificar, ya que **suelen aparecer de manera gradual o ante cambios muy sutiles e imperceptibles**.

Tampoco es lo mismo identificarlo en los demás (como una espectadora) que en una misma (cuando nuestro cuerpo y nuestra mente están continuamente esforzándose por adaptarse a la situación). Esto lo representa muy bien Olivier Clerc en su fábula de la rana hervida:

> «Si pones una rana en una olla con agua hirviendo, observarás que su primera reacción es saltar y escaparse, puesto que su instinto la lleva a salvarse. Sin embargo, si inicialmente en la olla pones agua fría o a temperatura ambiente y después añades a la rana, comprobarás que esta se queda tranquilamente en la olla. Si a continuación empiezas a calentar el agua poco a poco, la rana no reaccionará bruscamente, sino que se irá acomodando a esos cambios de temperatura e irá perdiendo su capacidad de reacción.

La rana tal vez intente salir, pero, como ha gastado ya todas sus energías en adaptarse a la temperatura del agua, ya no tendrá la fuerza que necesita para conseguirlo».

Estoy segura de que, como la rana protagonista del relato que acabamos de leer, a todas nos ha pasado algo parecido alguna vez a lo largo de nuestra vida laboral. Quizá te esté sucediendo ahora mismo, mientras lees este texto. Puede que **nos estemos acomodando y adaptando a nuestra situación laboral exactamente igual que la rana al agua hirviendo**.

Tal vez al principio no te resultase una situación tan complicada o demandante y, por tanto, no te generase tanto malestar (agua fría o a temperatura ambiente). Sin embargo, con el paso del tiempo y de manera progresiva, fuiste recibiendo más tareas, el trabajo se empezó a acumular sobre tu mesa, las exigencias y demandas de tu jefe se fueron incrementando, el clima laboral se hizo cada vez más pesado y conflictivo, etc.; como resultado, **la temperatura del agua fue aumentando y, ahora, te encuentras tan agotada que no sabes qué hacer para salir** de esa olla.

Puede que también permanezcas ahí porque te da demasiado miedo lo desconocido, que aguantes porque tienes la esperanza de que algo cambie y, aunque quizá te plantees la idea de pedir cambios o mejorías a tu jefe, siempre lo terminas descartando. Y, como en nuestra cultura siempre se ha premiado el esfuerzo y la resistencia ante todo y nos han dicho que así es el trabajo y que lo que debemos hacer es aguantar, tememos que nos tachen de «débiles» o que piensen que no estamos hechas para el trabajo.

Mientras, **nos seguimos adaptando como la rana al agua hirviendo**, con unos mecanismos de alarma y defensa cada vez más debilitados, con una sensación de agotamiento que va surgiendo de manera progresiva y con una capacidad de reaccionar que, irónicamente, cada vez reacciona menos.

Espero que esta fábula te haya ayudado a entender mejor cómo has llegado a este punto y por qué no tienes que ser tan crítica contigo misma. Sin embargo, no solo **es importante entender cómo ha surgido el *burnout***, sino que también **es necesario saber por qué**. Para comprender esta parte, es importante conocer los cuatro tipos de *burnout* (y sí, te anticipo que es normal que puedas sentirte identificada con cada uno de ellos):

- ***Burnout* por sobrecarga.** Si tienes tu escritorio lleno de papeles, notas y recordatorios, tu bandeja de correos no leídos no para de crecer, las notificaciones de mensajes llenan tu pantalla y tu jefe te recuerda de manera más o menos sutil y constante todo el trabajo que hay pendiente y, aun llevando un ritmo de vida frenético, sientes que te faltan horas al día para llegar a todo, lamento decirte que puedes tener *burnout* por sobrecarga. Es probable que estés haciendo mucho más de lo que de verdad abarcas, que sientas que tu vida cada vez está más fuera de tu control y que, inclusive, la idea de tener un día libre o vacaciones te abrume por pensar en la pila de trabajo que habrá crecido y estará esperándote a tu vuelta a la oficina.

Ese es el caso de Clara, quien, a sus cuarenta y cinco años, trabaja en un entorno muy exigente. Está constantemente gestionando plazos ajustados, tareas y reuniones con clientes, mientras que las altas expectativas de sus superiores pesan sobre sus hombros. Con el tiempo, la carga de tareas ha ido en aumento y, con ella, la dificultad para concentrarse, las palpitaciones, la tensión muscular, los dolores de espalda, la apatía, la sensación de fracaso y de la culpa por no estar haciendo correctamente su trabajo. Y, por si eso fuera poco, también se ve incapaz de desconectar, ya que, cuando llega a su casa, no puede evitar seguir trabajando mientras visualiza, de manera esperanzada, que la pila de tareas que la ahoga diariamente se afloja un poco.

Lo primero que le recomendaría a Clara para atajar su situación es que...

- Estableciese la cantidad y el tipo de tareas que puede llegar a asumir sin desbordarse.
- Utilizase estrategias de planificación y organización.
- Practicase técnicas de comunicación asertiva para hablar con su superior sobre es una posible redistribución de las tareas.
- Hiciese un esfuerzo consciente para descansar y dedicar más tiempo a otras áreas de su vida.

- ***Burnout* social.** A lo mejor la relación que tienes con tus compañeros no es la mejor; quizá no hay ninguna o, si la hay, es fría o conflictiva. O a lo mejor el problema no son ellos, sino tu jefe. Esa persona que no tiene ningún tipo de reparo a la hora de gritarte, de hablarte de malas maneras, de mandarte correos a cualquier hora del día y de recordarte continuamente los errores que cometes, lo que te falta por mejorar o lo inepta que eres. Pero también puede ser porque, ante tu deseo de impresionar y de agradar a los demás, te sientes mal si no ayudas a tus compañeros cuando te preguntan o si no aceptas la tarea extra que te pide tu jefe, rodeada de elogios y de buenas palabras. Y, aunque valores la posibilidad de decir que no, te invade la culpa, porque ¿qué pensarán de ti? Con todas las veces que has dicho que sí, ¿cómo vas a decir ahora que no?

Esas preguntas también se las hacía Raúl, quien, a sus treinta y tres años, trabajaba como enfermero en un hospital. Le encantaba su trabajo y las funciones que realizaba, pero, cuando sus compañeros le pedían un favor, aunque se planteara durante unos segundos la opción de rechazarlo, antes de darse cuenta estaba diciendo que sí. Al principio lo hacía para encajar bien entre sus compañeros, pensaba que no pasaría nada por decir que sí a un cambio de turno o a un favor. Sin embargo, las peticiones cada vez se fueron haciendo más frecuentes y demandantes. Como cuando recibía un correo o una llamada fuera de su horario laboral que solía empezar con: «Espero que no te moleste, sé que estás en tu tiempo libre, pero me gustaría pedirte...». Y así, hiciera lo que hiciese, Raúl se culpabilizaba; si no contestaba, se sentía culpable con los demás, si contestaba, se sentía culpable consigo mismo. Pero, como le pesaba más la idea de decepcionar a sus compañeros que la de decepcionarse a sí mismo, siempre acababa diciendo: «Claro, no hay problema».

Lo primero que le recomendaría a Raúl para atajar su situación es que...

- Hiciese uso de sus límites personales para expresar los «no» que ha estado reprimiendo.
- Revisase el sentimiento de culpa y debatiese los pensamientos que le genera.
- Entendiera que darse prioridad no es una señal de egoísmo y que lo que los demás opinen de él no es un reflejo de su autoestima profesional o personal.

- ***Burnout* por aburrimiento.** ¿Sientes que las actividades que realizas en tu trabajo son monótonas y poco satisfactorias? ¿Que no hay oportunidad de aprendizaje y crecimiento, o que no hay una conexión significativa con lo que haces? ¿Te frustras porque no hay estímulos ni retos profesionales a la vista? ¿Sientes que estás perdiendo el interés y la pasión por tu trabajo? Si es así, puede que tengas *burnout* por aburrimiento. Y, aunque muchos puedan decir que hacer cosas que no aportan nada es mejor que vivir sumergido en una jornada de trabajo estresante sin descanso, la realidad es que el aburrimiento puede llegar a ser tan frustrante como la sobrecarga. Si no hay nada excitante y satisfactorio en algo que requiere tanto tiempo como el trabajo, es muy fácil caer en la apatía y vivir en «automático» mientras sientes que estás perdiendo gran parte de tu vida.

Esas son las palabras que utilizaba Marta, de veintisiete años, para explicarle a su pareja cómo se sentía cuando llegaba a casa tras su jornada laboral como dependienta en una tienda. Sin embargo, algunos días solo decía frases como «Lo mismo de siempre» o «Es que no hay nada nuevo que contar»; sentía que su rutina en el trabajo se había estancado. No había novedades ni cambios, eran las mismas tareas de siempre y los mismos procedimientos, incluso hasta los mensajes que recibía de su jefa eran monótonos y repetitivos. Así que, aunque aparentemente nada cambiaba en su trabajo, sí lo hacían la actitud y el estado de ánimo de Marta, quien cada vez se sentía más desconectada de su vida y arrastraba un agotamiento y un cansancio constantes (porque sí, también te puedes cansar de hacer siempre lo mismo).

Lo primero que le recomendaría a Marta para atajar su situación es que...

- Buscase apoyo en sus compañeros de trabajo por si el sentimiento fuera mutuo.

- Hablase con su jefa para valorar posibles objetivos, cambios o redistribuciones de las tareas.
- Cultivase el entusiasmo y la ilusión en otras áreas de su vida.
- Incorporase nuevas rutinas para romper con su sensación de monotonía.

- ***Burnout* por falta de reconocimiento.** Si sientes que las recompensas de tu trabajo no se corresponden con el tiempo y esfuerzo que le dedicas, que por más que trabajes arduamente la valoración y la apreciación nunca llegan (o no como deberían) y que todos tus esfuerzos son en vano, es posible que tu *burnout* se deba a la falta de reconocimiento. La ausencia de incentivos, recompensas y retroalimentación positiva puede hacer que te sientas infravalorada y desmotivada. Y esto, a su vez, reduce tu moral, compromiso y productividad, y aumenta tu agotamiento emocional y profesional.

Miguel es un informático de cuarenta y un años que no puede evitar sentir que ha sido «estafado» en su trabajo. Echando la vista atrás, recuerda todas esas horas extra que ha realizado fuera de su horario laboral (tanto por petición de terceros como por decisión propia) para entregar tareas a tiempo o para que estuvieran lo más «perfectas» posible. También recuerda lo puntual que ha sido siempre, sus buenas palabras, la amabilidad con la que trata a todos, la iniciativa a la hora de hacer las cosas y las tareas adicionales que acepta de su jefe. Pero lo que más recuerda Miguel son las ausencias que han seguido a todo lo anterior: la falta de reconocimiento, de valoración y de recompensas. Como mucho, a veces tiene la «suerte» de recibir un asentimiento o un escueto «ok», antes de escuchar: «Ahora tienes que...».

En ocasiones, siente que no lo valoran como merece; sin embargo, otras veces piensa que el problema es suyo por no hacer nada lo suficientemente bueno como para ser reconocido.

Lo primero que le recomendaría a Miguel para atajar su situación es que...

- Reflexionase sobre el mensaje que le están transmitiendo sus emociones.
- Debatiese los pensamientos irracionales o catastróficos sobre su desempeño y valor profesional.
- Identificase las acciones y méritos propios que hace diariamente.
- Entendiese que, aunque otros no reconozcan su esfuerzo y su trabajo, eso no significa que no sean importantes o que no sean lo suficientemente buenos.

Aunque estos son los cuatro tipos de *burnout* más frecuentes, a través de mi trabajo y experiencia acompañando a personas que acuden a terapia por motivos laborales, he podido identificar **otras fuentes que también pueden desencadenarlo o incrementarlo**.

Discrepancia con los valores	Falta de sentido vital y laboral
Los valores son muy importantes para tu bienestar psicológico. Cuando las funciones de tu puesto de trabajo y los valores de tu empresa son incompatibles con los tuyos, puedes sentir un malestar que, a largo plazo, puede ser un indicador de *burnout* si la situación no cambia o no encuentras la manera de gestionarla.	Ante la pérdida del sentido vital y laboral, puedes sentirte «atrapada» en una espiral de apatía, desesperación y falta de motivación que, inevitablemente, va a acabar afectando a tu bienestar y salud mental.

Pasión por el trabajo (por defecto o exceso)	Perfeccionismo y autoexigencia
La falta de pasión por el trabajo puede derivar en *burnout* con el paso del tiempo. Sin embargo, si te identificas en el extremo opuesto, también debes tener cuidado. Olvidarte de descansar y volcarte única y exclusivamente en tu trabajo son conductas de «riesgo».	Si eres muy perfeccionista o autoexigente contigo misma y los estándares que te impones son demasiado elevados y exigentes, tienes más probabilidades de caer en el *burnout*.

Identidad fusionada con el trabajo	Horarios, turnos y salario
Si tu identidad se fusiona única o mayormente con el trabajo, cuando este se venga abajo o surjan problemas en él, tu valor y autoestima también se reducirán considerablemente.	Por supuesto, no podemos hablar de estar quemadas sin mencionar que los horarios, los turnos y el salario también están altamente relacionados con el *burnout*.

Todos estos factores, mantenidos en el tiempo sin cambios ni mejorías, van a tener una relación directa con el *burnout*. Si te has sentido identificada con algunos de ellos y te estás preguntando qué puedes hacer para gestionarlos correctamente, espero que las pautas, técnicas y ejercicios contenidos en este libro sean una gran ayuda.

Pero, si al llegar hasta aquí sientes que lo que has leído no abarca la totalidad o la complejidad de tu experiencia, te pido disculpas, puesto que los factores que pueden causarte *burnout* son diversos y personales. Aun así, no olvides que **tanto tu experiencia como lo que estás sintiendo siguen siendo igual de válidos** e importantes.

EJERCICIO

¿Cuáles son los factores que te están llevando al punto de quemarte (si es que no lo han hecho ya)? Observa la ilustración y subraya aquellas causas con las que identificas tu situación personal. Si aprecias que hay algún motivo que no esté reflejado pero que también pueda identificar tu situación, te animo a que lo incluyas.

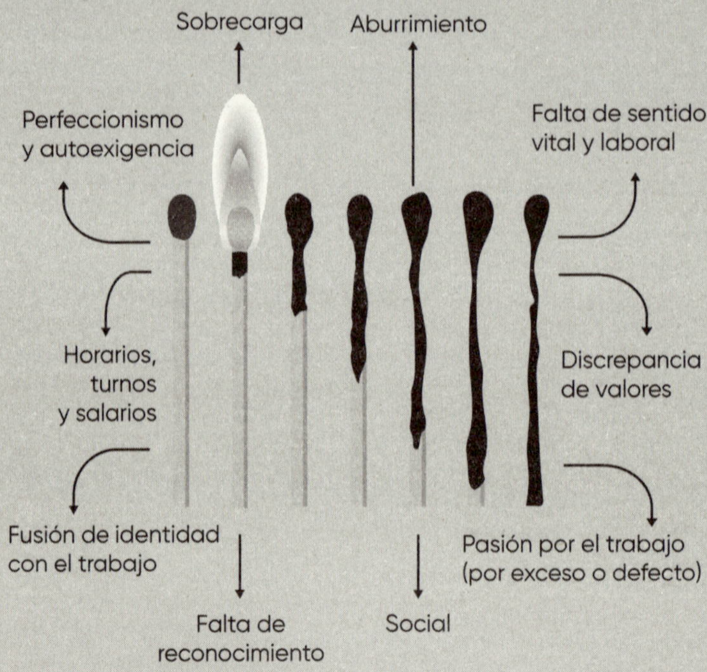

2

ANTES QUE NADA, REVISEMOS EL PASADO

Si has llegado hasta aquí, es probable que ya sepas si estás experimentando *burnout* y que tengas una idea de los factores o situaciones que han podido ocasionarlo. En ese caso, es completamente normal que ahora mismo sientas la necesidad urgente de hacer algo para que la situación mejore. Sin embargo, **no podemos conseguir cambios en nuestro futuro sin tener en cuenta de dónde venimos**, puesto que **nuestro pasado también es parte del presente**.

Sería como pretender leer un libro empezando por el final. Si no sabemos nada del protagonista, de cómo ha sido su vida y de las experiencias que ha vivido y que han ido moldeando su personalidad, sus comportamientos y sus inquietudes, de poco nos servirá saber el final del libro. En efecto, no entenderemos la totalidad de su historia y tampoco comprenderemos la carga que ha arrastrado y que ha tenido que resolver para llegar hasta ese final. Por eso, es esencial hacer una breve mención al pasado y, más concretamente, a nuestra infancia, pues, como dijo el psicólogo Manuel Hernández:

> **«Durante los primeros seis años** desde que nacemos, **aprendemos el 80 % de toda nuestra vida.** Son aprendizajes que van a ir perfilando **nuestra personalidad** y que vamos a ir repitiendo cuando seamos adultos».

Por eso, la infancia es una etapa clave en nuestras vidas. Desde el momento en el que nacemos, somos como unas **pequeñas esponjitas**; estamos continuamente **absorbiendo información de nuestro entorno** y almacenándola en nuestra memoria. Y esta información, sobre todo durante los primeros años de nuestra vida, va a provenir de nuestras familias y cuidadores principales. Si, por ejemplo, nos decían que no debíamos montar en bicicleta porque nos haríamos daño, seguramente asocies la palabra «bicicleta» con «peligro», por lo que esa actividad (u otras del estilo) puede que aún tenga una connotación negativa para ti o te dé miedo.

De esta forma, a medida que crecemos, absorbemos información de distintos ámbitos (familia, educación, amistad) que, junto con las enseñanzas y experiencias que vamos adquiriendo, dará lugar a la **visión que tenemos sobre el mundo, sobre los demás y sobre nosotras mismas**. Y, aunque a lo largo de nuestra vida esta puede ir cambiando en función de lo que hayamos visto, escuchado, aprendido o vivido, tendremos una visión general más positiva o negativa de esos tres conceptos.

PREGUNTAS

Reflexiona sobre los comentarios, experiencias y aprendizajes que tuviste (de tu familia, profesores, amigas, etc.) y que han podido influir en la visión que tienes sobre el mundo, sobre los demás y sobre ti misma. Estas preguntas pueden ayudarte en este momento de reflexión e introspección.

En general, ¿cómo es la visión que tienes sobre el mundo?

- ¿Te decían que era un lugar peligroso, incierto e inseguro y te contaban constantemente historias negativas sobre él? ¿O quizá, aunque te dijeran que debías tener cuidado, te animaban a ser independiente, a descubrirlo y te hablaban con ilusión de él?

- ¿Qué cara te ha mostrado el mundo hasta el momento? ¿Es positiva? ¿Negativa? ¿Una mezcla de ambas?

- ¿Cómo crees que ha podido influir la visión que tienes sobre el mundo en tu forma de ser y en tu vida actual?

En general, ¿cómo es la visión que tienes sobre los demás?

- Cuando eras pequeña, ¿los demás se mostraban atentos y cercanos contigo, y sentías que podías confiar en ellos y pedirles ayuda cuando lo necesitabas? ¿O, por el contrario, aprendiste que no podías contar con ellos porque no estaban muy presentes o, si lo estaban, eran muy imprevisibles, inestables o estrictos contigo?

- ¿Qué te decían ellos mismos sobre los otros? ¿Que no podías fiarte de nadie? ¿Que tenías que cuidarlos y complacerlos por encima de todo?

- ¿Cómo crees que ha podido influir la visión que tienes sobre las personas en tus relaciones actuales y en tu manera de percibirlas?

En general, ¿cómo es la visión que tienes sobre ti misma?

- ¿Te alentaban y animaban para que consiguieras lo que te proponías, y te reconfortaban y motivaban cuando fallabas? ¿O quizá pasaba más bien lo contrario y te hacían sentir que nada de lo que hacías era suficiente o que siempre podías hacerlo mejor?
- Cuándo los mirabas a los ojos, ¿sentías afecto, cariño y orgullo? ¿O más bien frialdad, decepción e indiferencia?
- ¿Qué imagen o concepto sobre ti crees que te han proyectado los otros? ¿Consideras que, en general, es positiva o negativa? ¿Cómo crees que han podido influir los gestos, conductas y opiniones que los demás han tenido contigo en la visión actual que tienes de ti misma?

Debes considerar que, cuanto más negativos y frecuentes hayan sido los comentarios o experiencias que hayas tenido, mayor huella habrán dejado en ti y, por tanto, mayor repercusión habrán tenido también en tu versión adulta. No obstante, esto no quiere decir que estés limitada de por vida por esto, ni tampoco que esta huella sea imborrable o permanente. Porque, al **igual que aprendemos, podemos desaprender**.

El problema viene cuando algunas de esas huellas están tan arraigadas que son más difíciles de desaprender o de cambiar. Si estuvieron muy presentes desde el principio, se han repetido en numerosas ocasiones o han tenido una connotación muy negativa en ti o en tu vida, puede que **pasaran a formar parte de tu identidad y de tus creencias internas**. De hecho, a veces están tan interiorizadas que no te das cuenta (o, si lo has hecho, no sabes cómo cambiarlo) de que ese «eres una decepción» en realidad es la voz de alguien de tu familia; o que el recurrente «tú no vales para...» es la voz de tu profesora de Matemáticas. Y, si reflexionamos sobre lo que acabamos de leer hasta aquí, no podemos ignorar el hecho de que **nuestra relación con el trabajo también ha podido verse afectada**, de una manera u otra, **por todo esto**.

Porque, a diferencia de lo que solemos creer, nuestra relación con el trabajo no se inicia el primer día de nuestra jornada laboral, sino mucho antes, incluso es anterior a nuestras primeras experiencias educativas: **comienza en nuestra infancia**, etapa en la que también empezamos a construir las primeras creencias e ideas sobre el papel que tendremos en el mundo.

El legado que no pedimos y que heredamos

Se podría decir que el trabajo es un aspecto muy importante de la vida que está presente desde nuestros primeros años de edad. Cuando damos nuestros primeros pasos, también empezamos a desarrollar gustos y preferencias respecto a los colores, juegos y muñecos. En función de dichas elecciones, **recibimos comentarios de nuestro entorno relacionados con nuestro posible futuro laboral**.

Si te veían escribiendo en la pizarra con tus peluches favoritos colocados en sillas delante, es probable que te dijeran: «Esta niña apunta maneras de ser profesora». Si jugabas a curar a tus juguetes porque «estaban enfermos y había que ayudarlos», quizá escucharas comentarios sobre cómo ibas a acabar siendo médica o enfermera. O puede que pasara al revés, y fuera tu entorno quien te sugiriera, de manera directa o indirecta, que podías dedicarte a una profesión u otra y, en función de eso, te regalasen juguetes relacionados con dicha temática.

Con el tiempo, tú también diste rienda suelta a tu curiosidad, creatividad e imaginación, y puede que, mientras veías la televisión, señalases con admiración a protagonistas que te impresionaban y que **escogías como modelo de referencia para decidir quién podrías ser en un futuro**. También puede que, tras escuchar en las noticias testimonios de policías que habían salvado vidas, te imaginaras a ti misma ayudando a los demás con la misma valentía y disposición que ellos. Incluso tal vez, tras ver tantas series policiacas, le preguntaras a tu familia cuál era su profesión y guardases sus respuestas («Será criminólogo o psicólogo», por ejemplo) en un rinconcito de tu mente, que podríamos llamar «**posibles aspiraciones futuras**», donde los mantenías y observabas de vez en cuando como si fueran objetos muy preciados.

O, ya que mencionamos a tu familia, si los escuchabas hablar con orgullo y dedicación sobre su trabajo, tu entorno ensalzaba su profesión y sus habilidades, te contaban que su papel era muy importante y, además, los admirabas tremendamente, puede que **quisieras ser como ellos**. Lo que también **implicaba que quisieras tener su mismo trabajo**. Hasta ellos mismos pudieron ayudarte y guiarte por ese camino cuando te decían: «Tú heredarás mi legado»; «Tú también serás...».

A medida que fuiste creciendo, te adentraste en el ámbito de los estudios, donde, desde el primer día hasta el último, las preguntas que más se repetían eran: «¿Qué vas a estudiar?»; «**¿A qué te vas a dedicar el resto de tu vida?**». Y te lo decían con la misma naturalidad y sencillez con la que te preguntarían la comida que ibas a comer ese día, ¡como si esperaran que lo respondieras tan rápido y claro como el agua! Además, esa decisión tenía que ser la definitiva, no se contemplaba la opción de rectificar más adelante, porque habría sido «perder el tiempo y fracasar».

Quizá no lo tuvieras nada claro y no supieras qué contestar. Incluso puede que, hoy, todavía desconozcas la respuesta a esas preguntas. Y, si es así, déjame decirte que es totalmente normal que no sepas qué hacer con tu vida. Porque siento que nos han metido (o nos hemos metido) mucha presión por tener que saber qué estudiaremos y, después, en qué trabajaremos. Y es que, **como nos han enseñado a poner todo nuestro valor en lo que hacemos, nos han hecho creer que eso es lo único que nos define**.

Aprendíamos eso cuando nuestros profesores y nuestra familia nos comparaban con los demás y nos decían que teníamos que ser como nuestros compañeros de clase o nuestros hermanos. Aquellas personas que, a sus ojos, siempre eran mejores o más listas que nosotras y que estaban rodeadas de elogios, menciones o reconocimientos. También lo aprendimos cuando nos enseñaron a evaluar nuestra capacidad y nuestro conocimiento en función de las notas que obtuviéramos. Un 8 estaba muy bien, pero ¡todavía estaba a dos puntos del 10! Un 5 era un aprobado, pero ¡se encontraba muy lejos del 10! De esta manera, no solo aprendimos que aprobar era importante, sino que, cuanto más nos acercáramos al 10, más nos valorarían y más «capaces» seríamos.

El resultado de todo esto es **una generación en la que muchas personas están dispuestas a esforzarse en todo momento** y a cualquier precio. De hecho, en un estudio realizado en 2023 por la empresa Gallup, se demostró esto: los resultados indicaron que la generación más quemada era la de los milenials (42%), seguida de cerca por los centenials (40%) y, más de lejos, la generación X (32%) y los *baby boomers* (20%).

¿A qué se debe esta gran diferencia? Aunque habría que analizar cada caso a nivel individual, hay varias razones que pueden explicar, de manera generalizada, esta desigualdad. Con la llegada de las nuevas tecnologías, por ejemplo, se hace más difícil desconectar del trabajo cuando, en plena era digital, tener móvil de empresa es un añadido cada vez más frecuente.

Por otro lado, aunque es cierto que la salud mental es un tema que se ha ido normalizando, por mucho que identifiquemos aquello que nos genera malestar o aprendamos a ponerle nombre a lo que nos ocurre, si no disponemos de los medios o recursos necesarios para recibir ayuda psicológica y la situación no cambia, es inevitable que nuestro bienestar psicológico se deteriore. Debido a esto, cada vez hay más gente joven que, ante la imposibilidad de tener ayuda psicológica, acaban recurriendo a mecanismos de regulación dañinos (autolesiones) o están siendo recetados con psicofármacos como «única solución».

Además, las condiciones de algunos trabajos se han ido endureciendo a medida que el coste de la vida también ha aumentado. Antes era más común ver que nuestros familiares se podían comprar un piso, una casa o incluso una segunda residencia vacacional. Sin embargo, con las condiciones actuales, no solo trabajamos para poder pagar una hipoteca o el alquiler de un piso, sino para el de una habitación diminuta (porque a veces el sueldo no nos da para más). Esto ha hecho que nos tengamos que esforzar y trabajar más, a pesar de que vayamos a cobrar menos. De hecho, según un estudio de la Fundación BBVA, los jóvenes de ahora tardarán hasta siete años más que sus progenitores en alcanzar el sueldo medio. Si antes la generación conocida como *baby boomers* alcanzó el sueldo medio a sus veintisiete años, se estima que las más jóvenes, milenials o centenials, no lo conseguirán hasta los treinta y cuatro años.

Esta cultura del sobreesfuerzo ya la experimentamos de pequeñas con las actividades extraescolares. Y no hablo de las que surgían como una manera de desconectar o de practicar la salud y el disfrute, sino de las realizadas con el objetivo de ser mejor, de tener más áreas en las que destacar y de seguir mimando nuestra relación con la productividad. Si nos paramos un momento a pensar en esto, nos damos cuenta de que **hay muchas maneras en las que nuestro tiempo pudo ser optimizado con el objetivo de estar lo más preparadas posible de cara a nuestro futuro ingreso en el mundo laboral**.

Sin ser conscientes de ello, años antes de alcanzar la vida adulta, siendo todavía unas niñas, nos convertimos en unas «miniadultas» quemadas y cargadas con las exigencias y expectativas que eso conllevaba. Aun así, en esas edades solíamos escuchar esta famosa frase: **«Tú disfruta ahora, que luego será peor»**.

De esta manera, al finalizar nuestra experiencia educativa (eso si hemos tenido la oportunidad de tenerla y no hemos empezado a trabajar antes) y enfrentarnos al mundo exterior, nos damos cuenta de que, **aunque nos han instruido para ser unas trabajadoras brillantes**, eficaces y productivas, **no nos han preparado para que no nos quememos laboralmente** en una sociedad que glorifica el hecho de estar exhaustas.

Por ello, cuando entraste por la puerta en tu primer día de trabajo, quizá estuvieras nerviosa, ilusionada y con muchas expectativas, pero también puede que no te sintieras así y que más bien estuvieras ahí porque es lo que se esperaba de ti, porque no tenías otra opción o porque te habían dicho que tenías que «hacer currículum». Lo que tienes muy claro es que, según fue pasando el tiempo, cada vez te has ido sintiendo más y más quemada, como si tu puesto te estuviera succionando hasta el alma. Y, aunque piensas a diario en quejarte o en comentarlo con alguien, enseguida descartas la idea, porque siempre te han dicho: **«Deberías sentirte agradecida y feliz por tener un trabajo»**; «Así es la vida»; «Solo tienes que ser positiva».

Hasta que no te adentraste en el mundo laboral, quizá no te empezaras a plantear lo vacío y deprimente que en realidad era el contenido de ese discurso. Y, pese a que esos mantras te han acompañado toda tu vida, ahora no sabes qué hacer con ellos. Porque **admitir que son falsos sería como admitir que no solo nuestro legado está dañado** y equivocado, **sino que la propia sociedad** que nos ha enseñado eso **también lo está**.

Aun así, esto no quiere decir que todas vayamos a sufrir *burnout* en un futuro. Lo que acabamos de leer hace referencia al contexto sociocultural y familiar en el que crecemos y en el que surgen nuestras primeras bases y conocimientos sobre el mundo laboral. Sin embargo, si a eso le añadimos algunas de las siguientes **circunstancias que tienen que ver con nuestra infancia y con el entorno en el que crecimos**, podemos ser más susceptibles de desarrollar *burnout* (ya sea en la adolescencia o en la edad adulta).

Si tus familiares u otras personas cercanas a ti (cuidadores, profesores)...

... eran muy estrictos, rígidos o exigentes contigo y con tu rendimiento. Sentías que tenías que hacer lo que sellos esperaban de ti, por lo que te veías obligada a cumplir con sus expectativas académicas y laborales. Y, aunque tú también quisieras alcanzarlas, siempre te pedían la excelencia en todo lo que hicieras.

... monopolizaban tu tiempo en nombre de la productividad. Tu agenda estaba hecha por y para la productividad y, desde esa base, tus familiares te apuntaban a una gran variedad de actividades extraescolares. Cuando no estabas en clase, estabas en una actividad extraescolar y, si no, en una academia. De esta modo, había poco espacio para el disfrute y el ocio en tu niñez o adolescencia.

… tomaban por ti las decisiones educativas y laborales. Quizá porque tenías que seguir su mismo camino, quizá porque eran ellos los que escogían lo que se supone que era lo mejor para ti, o incluso porque vieron en ti un medio para alcanzar lo que ellos mismos no pudieron lograr en su momento. Si te hubieran preguntado a ti, ¿escogerías otro camino?

… te comparaban o hablaban de ti de manera negativa. ¿Cuántas veces te han comparado a lo largo de tu vida? Con tus hermanos, con otros miembros de tu familia, con tus amigas más cercanas o con algunas de tus compañeras de clase. Y, si además de eso recibías comentarios despectivos sobre ti o sobre tu valía, es muy probable que hayas crecido minusvalorándote, viéndote insuficiente e incluso sintiendo que tienes que estar continuamente demostrando tu valor.

… tenían problemas económicos o laborales. Si en tu casa había problemas económicos (y siempre te lo hacían saber), si se quedaban en paro o si veías que llegaban frustrados y cansados del trabajo, es probable que hayas tenido que esforzarte el doble en casi todo: bien sea para ayudarlos, bien sea para evitar verte en su misma situación en un futuro.

… te inculcaron una visión pesimista sobre la vida y el mundo laboral. Si creciste escuchando comentarios pesimistas y desesperanzadores sobre la vida y el mundo laboral, puede que hayas aprendido a conformarte con menos, que hayas aceptado y normalizado ciertas situaciones que no deberían aceptarse ni normalizarse, y que hayas descartado la posibilidad de conseguir un cambio o mejoría.

Si tú misma

... creías que tenías que minimizar los problemas o no «causar» más. Según ciertas situaciones que hayan surgido en tu familia (duelos, enfermedades, hermanos con problemas educativos, progenitores desbordados o tristes, etc.), es probable que te hayas exigido más a nivel académico para minimizar los problemas existentes o no «causar» otros nuevos.

... sentías que tenías una «deuda» que saldar con tu familia. Como tu familia te dio la vida y un lugar donde crecer, a lo mejor pensaste que tu mayor responsabilidad era saldar esa «deuda» demostrándoles todo tu esfuerzo y desempeño a nivel académico y, en un futuro, a nivel laboral.

... percibías situaciones concretas en las que recibías más atención u otros refuerzos positivos. Puede que no te presionaran sobre tu rendimiento académico, pero, cuando les comentabas los buenos resultados que obtenías y observabas que te recompensaban de manera positiva recibiendo más atención y afecto, esos refuerzos pudieron animarte a seguir por ese camino.

... equiparaste tu autoestima y tu valía con tu productividad y tu rendimiento. Si siempre han premiado tu productividad y rendimiento, es probable que pienses que eso es todo lo que te define (aunque no sea así) y que hayas aprendido a valorarte en función de lo que haces.

... empezaste a cultivar la exigencia y el perfeccionismo. Puede que vieras la exigencia y el perfeccionismo como un medio para conseguir resultados y mejorar, y, aunque no hay nada de malo en eso, pudo ser dañino para ti si no te pusiste límites, no respetaste tus tiempos, te machacaste en exceso por los errores, te exigiste de una manera desproporcionada y te sentiste incómoda o culpable cuando no eras productiva.

Si las palabras que has leído hasta aquí han conectado con alguna de las situaciones que viviste en tu infancia, es normal que te hayan removido.

PREGUNTAS

Te animo a contestar las siguientes preguntas para que puedas reflexionar cómo pudo iniciarse tu «relación» con el trabajo, pues probablemente esté vinculada con tu situación laboral actual. Si haciendo este ejercicio sientes algo de malestar, es importante que pares y lo retomes cuando estés lista. Recuerda que no hay prisa:

- **¿Qué es lo que querías ser de mayor? ¿Recuerdas todas las profesiones que en algún momento de tu vida asomaron a tu mente como posibles opciones?** Piensa en esas que surgieron cuando todavía eras una niña y luego ve avanzando en el tiempo hasta la que ejerces hoy.
- **¿Qué aspectos crees que pudieron influir en la decisión de dichas profesiones?** Reflexiona qué motivos pudieron llevarte a escoger esas profesiones que surgieron en la pregunta anterior

(películas, series, gustos, etc.). Si alguien tuvo un papel importante en la elección de algunas de ellas, piensa quién fue y por qué.

- **¿Cómo influyó tu entorno, el colegio y lo que viviste en la infancia en el concepto que tienes sobre el trabajo o sobre lo que implica trabajar?** Fíjate en lo que te decían tus familiares (u otras personas) sobre su trabajo, sobre cómo deberías ser o qué deberías hacer para conseguirlo y, finalmente, sobre cómo se supone que tendrías que trabajar o lo que podías esperar laboralmente.

- **¿Crees que algunas de las situaciones o experiencias que viviste han podido hacerte más susceptible a desarrollar *burnout*?** Puedes volver a leer las circunstancias que hemos desarrollado antes de este ejercicio para que te sea más fácil identificarlas, pero no olvides valorar otras que no se hayan recogido y que también estén relacionadas.

- **¿Qué crees que tus versiones de niña y adolescente hubieran agradecido escuchar en su momento?** Visualiza esas versiones más jóvenes de ti y, en base a tu experiencia y conocimiento actual, piensa qué consejos podrías darles sobre su valía, su trabajo o su futuro.

Mitos y creencias que nos han vendido

Si echas la vista atrás, estoy segura de que algunas de las experiencias que viviste y comentarios que recibiste han podido tener un impacto significativo en el concepto que has interiorizado sobre tu valía como persona y sobre el trabajo en general. En mi caso, recuerdo especialmente los del ámbito educativo: si destacaba en una clase o mis calificaciones eran buenas, era vista, reconocida y halagada por todos mis profesores. Sin embargo, cuando sucedía lo contrario, no merecía más de un segundo de su atención.

También recuerdo los «favores» que nos hacían cuando nos decían, sin ningún tipo de tapujos, que nos podíamos olvidar de estudiar o trabajar de cualquier cosa que estuviera relacionada con X, porque, según ellos, «no valíamos para eso». De esta manera, las calificaciones y las expectativas no cumplidas se convirtieron en la «bola de cristal» con la que, supuestamente, podían juzgar nuestro potencial y prever nuestro futuro laboral.

Así fue como interioricé la idea de que, **para destacar, ser valorada y llegar lejos en la vida, tenía que estar continuamente esforzándome, trabajando arduamente, persiguiendo la productividad y practicando la autoexigencia**. Porque solo así, mediante el agotamiento y la extenuación, conseguiría grandes cosas y sería bien vista por los demás (ese es el mensaje que aprendí en su momento).

El problema de haber interiorizado este tipo de comentarios o aprendizajes sin antes haberlos cuestionado o pasado por un filtro es que **corremos el riesgo de almacenar la información en forma de creencias**. Y una creencia es todo aquel contenido que, al asumirse como cierto, pasa a formar parte de los esquemas mentales con los que entendemos el mundo y nos movemos por él. Sin embargo, no todas las creencias que asumimos como ciertas realmente lo son. Cuando esto sucede y emitimos juicios sobre nosotras mismas y sobre los demás que no son realistas ni verídicos, pueden condicionarnos negativamente y generarnos malestar. Para reconocer y diferenciar este tipo de creencias, los psicólogos Ellis y Grieger hicieron la siguiente clasificación:

- **Creencia racional.** Son aquellos pensamientos que, al ser realistas y verídicos, generan emociones equilibradas y favorecen respuestas resolutivas. Por ejemplo: «Todos cometemos errores»; «Hay cosas que ni dependen de mí ni puedo controlar»; «Este es mi espacio personal y merece ser respetado».
- **Creencia irracional.** Son pensamientos distorsionados, exagerados y catastróficos que no tienen fundamentos (o no son demostrables y verídicos), producen malestar emocional y limi-

tan la capacidad de actuación. Por ejemplo: «Todo lo hago mal»; «No sirvo para nada»; «Si me equivoco, seré una fracasada»; «No puedo hacer nada para estar mejor»; «Soy la culpable de todo».

Aunque más adelante veremos detalladamente cómo puedes gestionar y debatir las segundas creencias, ahora vamos a centrarnos en esas que **están muy arraigadas en nuestra sociedad y afectan directamente a tu trabajo** y al concepto que tienes de este.

No obstante, antes de que las leas, quiero hacer un pequeño paréntesis para decirte que es totalmente normal si te sientes identificada con algunas de ellas o incluso con todas. No dejan de ser unos mitos muy conocidos que, como nos los han inculcado tanto, están muy integrados en nuestra forma de pensar y en nuestros valores. Tampoco quiero que te culpes por habértelos creído. Al final, son enseñanzas que nos suelen transmitir nuestros familiares, profesores o jefes (figuras de referencia y autoridad), y que simplemente **solemos asumir como ciertas y cargamos con ellas** (aunque nos pesen y nos duelan).

Mito o creencia 1

Todo esfuerzo tiene su recompensa.

Realidad: aunque es totalmente lógico y esperable pensar que tras un arduo esfuerzo obtendrás tu recompensa, la realidad es que no siempre sucede así. No todo esfuerzo tiene su recompensa. Y no es porque no te hayas esforzado lo suficiente o porque lo hayas hecho mal, sino porque esa recompensa no depende únicamente de ti. Existen otros factores externos y contextuales (como el sistema de premios de tu empresa o las expectativas de tu jefe) que juegan un papel fundamental en eso.

> **No es justo que te culpes a ti misma**, porque entonces estarías asumiendo que la ausencia de recompensas únicamente es un reflejo directo de tu falta de voluntad, esfuerzo, habilidades y capacidades.

Creencia alternativa: «No siempre todo mi esfuerzo tiene su recompensa, pero eso no significa que lo esté haciendo mal o que no pueda valorar lo que he hecho o conseguido».

Mito o creencia 2

Realidad: esta afirmación te puede hacer creer que los únicos ingredientes que necesitas para superar todos tus obstáculos son el deseo y la voluntad. Aunque esta frase pueda ser muy inspiradora, la realidad es más compleja, ya que querer algo no garantiza obtenerlo. Kant nos lo recordaba: «Aunque la persona lo haga lo mejor que pueda, las circunstancias externas pueden limitar su capacidad para alcanzar sus fines». Y, al igual que en la creencia anterior, existen múltiples formas mediante las cuales el contexto influye en esa meta que, por mucho que quieras alcanzarla, tal vez no logres conseguirla.

> Quizá quisiste estudiar, pero no pudiste porque te faltaron los medios; quizá te formaste durante años para tener un trabajo, pero no pudiste trabajar de lo tuyo porque no te seleccionaron: **hay muchos «puedes» en tu vida que se quedarán en el intento**, pero no por tu falta de ganas y esfuerzo, sino **porque el contexto no te ayudó o no te lo permitió.**

Creencia alternativa: «Aunque yo quiera conseguir algo y ponga todo mi empeño en ello, no debo ser muy estricta conmigo misma si no lo consigo, ya que hay otros factores que no estoy teniendo en cuenta y que pueden estar interfiriendo en el proceso».

Mito o creencia 3

Lo más importante es tener éxito en el trabajo.

Realidad: si únicamente pones en la balanza el éxito laboral, no solo estarás dejando de lado tus deseos y necesidades, sino también tu salud mental. A diferencia de lo que se suele creer, el éxito en el trabajo no garantiza la felicidad. El exceso de trabajo mantenido en el tiempo ante situaciones estresantes y la falta de autocuidado te van a llevar a estar más cerca del *burnout* que del éxito. No quiero decirte que dejes de esforzarte, ni mucho menos, pero, si el precio que tienes que pagar es tu salud mental, algo no está yendo bien.

> Si en algún momento este mundo te ha hecho creer que ni tú ni tus necesidades sois importantes, déjame decirte que no es así. **Tú eres más que tu trabajo**, y tu valor no reside en lo que consigues o en lo que haces, sino en quién eres.

Creencia alternativa: «El éxito laboral puede ser un factor motivador, pero nunca va a ser más importante que mi salud mental. Lo más importante soy yo».

Mito o creencia 4

Cuantas más horas trabajes, más productiva serás.

Realidad: si a esta afirmación le añades algunos de los factores que pueden llevarte al punto de tener *burnout*, te voy a decir lo que sí serás a la larga: una persona quemada. Tu energía no es infinita y, por tanto, tu productividad tampoco. Por más leña que le eches al fuego, solo conseguirás seguir quemándote. Sin embargo, como siempre te han animado a ir por la vida con los «tengo que» y con una agenda colapsada, ¿cómo no vas a seguir en la misma línea cuando seas adulta?

Cuantas más horas trabajes el día de hoy, más probabilidades habrá de cometer errores y más tiempo tendrás que invertir mañana en solucionarlos y terminar el resto de las tareas. Así que, cuantas más horas trabajes, más te quemarás y más te olvidarás de que **la persona que siempre va a estar ahí para sostenerte y cuidarte eres tú misma.**

Creencia alternativa: «Dedicar más horas al trabajo no me hace ser más productiva, me lleva a estresarme más y disminuye mi rendimiento, satisfacción y eficacia».

Mito o creencia 5

Los descansos son una pérdida de tiempo.

Realidad: ¿eres una máquina o un ser humano? A diferencia de ellas, tú sí necesitas descansar. Y no solo lo digo porque esto es una forma de autocuidado básica (como dormir las horas necesarias, llevar una alimentación equilibrada, hacer ejercicio, poner límites, etc.), sino porque, si no descansas, tampoco puedes rendir correctamente. Pero tampoco quiero que pienses que el descanso solo sirve para eso, porque estarías cometiendo el error de verte como el medio para alcanzar un fin, en vez de como la persona que eres más allá de tu trabajo.

> **En una sociedad obsesionada con la productividad, el descanso puede considerarse como uno de los actos más valientes y revolucionarios** que una misma puede darse. Visualiza el hecho de descansar como una inversión: a corto plazo puedes sentirte culpable o incómoda (porque así te lo han hecho creer), pero a largo plazo tu cuerpo te agradecerá que hayas tomado esa decisión por él y lo hayas cuidado.

Creencia alternativa: «Descansar no es ni un privilegio ni una pérdida de tiempo, es un derecho, una ganancia de energía y un acto de autocuidado y amor propio».

Mito o creencia 6

> **Haz lo que te gusta y no volverás a trabajar un solo día en tu vida.**

Realidad: aunque trabajar en lo que te gusta puede ser un privilegio y sumamente gratificante, eso no significa que siempre vayas a hacerlo con una sonrisa en la cara o que no tengas un día en el que te levantes desmotivada y sin ganas de empezar tu jornada laboral. Si interiorizas esta creencia o la aceptas como cierta, puedes verte como el único obstáculo y culpable de no poder disfrutar tu trabajo y llegar a tolerar cualquier tipo de explotación o comportamiento por el mero «honor» de trabajar en él.

> **Si trabajas en nombre de la pasión, corres el riesgo de que se acabe convirtiendo en una obsesión** y que tu identidad y sentido vital se fusionen con este. De esta manera, dejas de verlo como lo que realmente es (un trabajo y no la totalidad de tu vida) y, en vez de estar trabajando para vivir, estarás viviendo para trabajar.

Creencia alternativa: «Aunque trabaje en lo que me gusta, eso no quiere decir que siempre vaya a disfrutarlo o que nunca me canse de este. De hecho, no se trata de disfrutar todo lo que hago, sino de encontrar y apreciar las cosas que me apasionan de mi trabajo, sin llegar a olvidarme de mí misma y sin deberme únicamente a él».

Mito o creencia 7

> **Deberías sentirte agradecida por tener este trabajo.**

Realidad: por supuesto que puedes sentirte agradecida por tu trabajo cuando te llena de experiencias, aprendizajes o disfrute. Pero ¿qué pasa cuando trabajas por necesidad o por obligación? ¿Qué ocurre cuando esa motivación que sentías al principio no existe? ¿Qué sucede cuando no solo odias tu trabajo, sino que sientes que te está robando la vida? Es incongruente que des gracias por algo que te genera sufrimiento. No te obligues a sentir lo que no sientes y dar las gracias.

No tienes que engañarte y romantizar el trabajo solo porque es lo que te mantiene o porque otras personas no lo tienen. Aunque sea lo que te proporciona el dinero para pagar tus gastos, no es ni sano ni justo para ti obligarte a abrazar algo que en realidad te está haciendo daño. Y siento mucho si todavía no has encontrado un espacio seguro para hablar de esto sin ser invalidada, pero no te hace egoísta pensar así.

Creencia alternativa: «Puedo agradecer lo bueno que tiene mi trabajo, pero no obligarme a agradecer su totalidad cuando hay cosas que me hacen daño, ni culparme por disfrutarlo».

Mito o creencia 8

Todas tenemos ansiedad por el trabajo.

Realidad: ¿en qué momento hemos normalizado que la ansiedad es parte del trabajo y que la vida tiene que ser sinónimo de desesperanza? Quizá hayas caído en la trampa de minimizar tus emociones a cambio de normalizar tu agotamiento y extenuación. Tras el miedo de recibir un «todos estamos igual» o «así es la vida», estás callando lo que de verdad sientes y quieres expresar para no ser juzgada o tachada de «ineficaz».

Que no te engañen: **aunque la ansiedad es una realidad que nos afecta a todas las personas, sentirla de manera constante y desbordante por el trabajo no es normal.** Interiorizar la creencia de que la vida es así y no hay más no solo va a hacer que tu ansiedad se incremente, sino que también tires la toalla y te rindas ante la posibilidad de conseguir cambios o mejorías.

Creencia alternativa: «Aunque no soy la única persona que siente ansiedad por el trabajo, eso no significa que tenga que aguantarme y aceptar que esa va a ser mi realidad para siempre. Merezco cuidarme y considerar todas las opciones que puedan ayudarme».

Mito o creencia 9

Realidad: es cierto que la perseverancia e implicación son cualidades admirables, pero de ahí a asumir que el trabajo no puede coexistir sin el agotamiento hay una gran diferencia. Sería como decir: «Ya nadie quiere trabajar con *burnout*». Parece que si reconoces que estás quemada «no estás preparada para trabajar». Nada más lejos la realidad: creer que el *burnout* aparece como consecuencia de un fallo personal y no por un estrés persistente mantenido en el tiempo es totalmente erróneo.

A diferencia de lo que tu jefe podría decirte, **nadie va a entregarte un premio por sacrificar tu salud mental**, pasar menos tiempo con tu familia, dormir menos, tener que recurrir a ansiolíticos para poder continuar, contener las lágrimas o pretender que estás bien cuando no es así. Pero **sí puedes premiarte a ti misma cuidándote de la mejor manera posible** dentro de esa situación.

Creencia alternativa: «Trabajar bien no significa que tenga que ser duro: puedo realizar mis funciones en el trabajo sin sacrificarme por el camino y sin pagarlo con mi salud mental».

Mito o creencia 10

Los jóvenes de ahora no sabéis lo que es trabajar.

Realidad: ¿cuántas veces nuestros familiares u otras personas nos han dicho esta frase? ¿Cuántas veces nos hemos sentido culpables, o incluso ridículas, después de escucharla? Si piensas que siempre va a haber alguien que esté peor que tú, tus emociones y necesidades nunca van a tener la importancia que se merecen. Pero, si te basas en esta regla, solo una persona (de las ocho mil millones que somos) tendría derecho a sentirse mal. Y, si extrapolas esto mismo al trabajo, solo una persona de todo el mundo tendría derecho a quejarse por su trabajo: la que peor esté o la que peor trabajo desempeñe.

> **Solo porque otras personas tengan** (o hayan tenido) **peores trabajos, no significa** que debas conformarte con el tuyo o **que no cuentes con el derecho a quejarte.** Cada una de las vivencias y experiencias de las más de ocho mil millones de personas importan, así que tú no vas a ser menos. Tanto tú como lo que te sucede es importante.

Creencia alternativa: «Aunque no reciba la comprensión y validación que buscaba al expresar mi situación y malestar laboral, realmente nadie mejor que yo sabe lo que estoy viviendo y sufriendo. Por tanto, mi experiencia y mis emociones sí son importantes».

Es muy probable que hayas crecido escuchando e interiorizando algunas de estas frases. Por eso espero, de todo corazón, que las palabras que acabas de leer hayan hecho «clic» en tu cabeza. Y, aunque **no es fácil desmontar creencias que pueden llevar toda la vida contigo**, ni tampoco va a ocurrir la primera vez que las leas, este momento puede ser el comienzo del cambio. Recuerda que puedes volver a estas páginas para releerlas tantas veces como necesites y te haga falta. Hasta que sean parte de tu diálogo interno.

Y, si algo de lo que has leído te ha emocionado o te ha removido, quiero decirte que es completamente normal. Porque cuando **estás tan acostumbrada a que nieguen tu realidad**, o incluso **a que te hagan creer que el problema eres tú**, leer estas palabras tan esclarecedoras es como recibir un abrazo cálido en una noche fría.

Al menos así me sentí yo cuando recibí esas palabras por parte de mi pareja después de haberle «comprado» el discurso a mi jefa de que el problema era mío, por no aguantar la desbordante carga de trabajo que me ponía. Sin ser consciente, había dejado que sus palabras hicieran mella en mí y me las acabé creyendo. Por eso, hasta que no escuché «eso no es cierto, tú no eres el problema», no me di cuenta de todo el aire y las ganas de llorar que había estado reteniendo, y de cómo la invalidación y desaprobación que había estado recibiendo me habían hecho dudar hasta de mí misma.

EJERCICIO

Quiero que recuerdes esas creencias, mitos o frases negativas que has podido escuchar sobre tu trabajo, tu papel como trabajadora o tu valía profesional. Una vez que las tengas ya en tu mente, imagina que eres una detective que tiene que desestimar dichas afirmaciones mediante otras más realistas y compasivas. También puedes pensar cómo animarías a un ser querido que ha recibido ese tipo de comentarios. He aquí un ejemplo que puede servirte de guía.

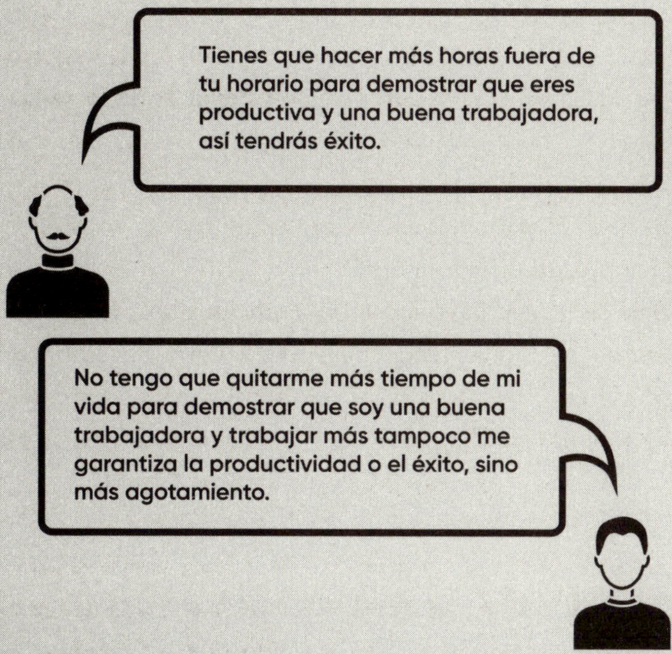

Te recomiendo hacer este ejercicio en un cuaderno y **dejarlo a tu alcance**. Así podrás volver a leer esas palabras cuando más las necesites, sabiendo que fuiste tú misma la que te dio estos consejos en su momento.

3

RECURSOS PARA EXTINGUIR EL FUEGO

Antes de seguir leyendo, quiero compartir contigo una pequeña reflexión que puede ayudarte a recuperar la energía y la motivación que necesitas para poner en práctica lo que aprenderás en este libro. Imagina que **cada uno de los siguientes cuadros representa un año de la totalidad de tu vida**: desde el día en el que naciste hasta el último. Cuando hablamos de la vida, lo hacemos como si visualizáramos una larga carretera cuyo fin se pierde en la distancia. Sin embargo, **viéndolo a través de este conjunto de cuadros, parece algo mucho más breve y limitado, ¿no crees?**

Estas casillas son todo lo que tendremos y, aunque no podemos hacer nada con las que pasaron, **¿cuántas de esas dirías que has tachado bajo el peso del malestar que sientes por el trabajo?** Y con respecto a las que están por venir: **¿cómo te gustaría estar o qué cambios querrías que se produjeran?**

Cuando te encuentres en la recta final de tu vida y eches la vista atrás, ¿cómo te gustaría haber vivido? ¿Crees que te arrepentirás de no haber hecho algo que pudiste hacer en este momento? ¿Echarás en falta haber actuado de otra manera o haber hecho más ciertas cosas?

Si pudiera vivir nuevamente mi vida.
En la próxima trataría de cometer más errores.
No intentaría ser tan perfecto, me relajaría más.
Sería más tonto de lo que he sido, de hecho
tomaría muy pocas cosas con seriedad.
Sería menos higiénico.
Correría más riesgos, haría más viajes, contemplaría más atardeceres,
subiría más montañas, nadaría más ríos.
[...]
Pero ya ven, tengo 85 años y sé que me estoy muriendo.

DON HEROLD, «Instantes»

Estoy segura de que **no desearás haber trabajado más**, descansado y disfrutado menos, **y haber acabado todavía más quemada**. Por el contrario, por ejemplo:

- Si piensas que deberías haber dicho más veces «no» cuando en realidad dijiste que sí, me encantará acompañarte en el proceso de aprender a poner límites y priorizarte.
- Si crees que tendrías que haber descansado más o te hubiera gustado hacerlo sin sentirte culpable, para mí será un placer introducirte en el cuidado personal y en la gestión de la culpa.
- Si consideras que te hubiera gustado aprender otras maneras más eficaces de trabajar o de resolver los conflictos, te guiaré paso a paso en la organización de tareas, la distribución del tiempo y la resolución de problemas.

- Si echas en falta haber tenido herramientas para gestionar las situaciones desbordantes que viviste, las encontrarás cuando te hable del diálogo interno, las emociones y la gestión del estrés.
- Si sientes que en algún momento del camino te perdiste a ti misma, te cuesta reconocer a la persona del espejo o te has olvidado de quién eras y qué te gustaba hacer antes de que todo esto pasara, te ayudaré a recordarlo y juntas cultivaremos, con mucho mimo, el resto de tus áreas personales cuando nos adentremos en los capítulos de la autoestima y las actividades agradables.

¿Cómo cambiaría tu vida si pusieras en práctica todo eso (y más) y no te sintieras constantemente agotada y desbordada?

El *burnout* no es como tener un resfriado. Si esperas a que se vaya por su cuenta al igual que vino, déjame decirte que, lamentablemente, eso no va a pasar. Y, aunque **no deberíamos tener que elegir entre destacar en el trabajo y cuidar nuestra salud mental**, la realidad es que este mundo no va a tener reparos a la hora de pedirte más y más. Así que debes tener claro lo que estás dispuesta a dar, sin descuidarte en el proceso.

Soy consciente de que romper con todo aquello que te conduce al *burnout*, realizar cambios o sacar tiempo para trabajar en recuperar tu bienestar puede ser tremendamente difícil cuando te encuentras completamente quemada y sin energías. Créeme, lo sé, porque yo también he estado ahí. Pero seguir tachando las siguientes casillas de tu vida sintiendo el ardor de las llamas y teniendo miedo de abrir los ojos cada mañana es todavía más duro y desgarrador. Piénsalo así: **puedes hacer algunos cambios ahora, aunque te dejen completamente agotada, o puedes no hacer nada y vivir toda tu vida constantemente agotada**. Si decides hacer lo primero, yo estaré aquí para guiarte y acompañarte en el camino, porque si yo pude, ¿por qué iba a ser diferente contigo?

Por último, quiero que sepas que, si con la lectura de estas páginas te das cuenta de que hay cosas que has estado haciendo mal, no es una crítica hacia ti. Muchas veces no somos conscientes de ello, nos han enseñado mal o no contábamos con las herramientas necesarias. Básicamente, **hiciste lo que pudiste con la información, el conocimiento y los recursos que tenías** en ese momento. Quiero que esta lectura te la tomes como una amiga que se preocupa por ti y te dice: «¡Hey! Esto no te hace bien y hay que cambiarlo».

Lo primero de todo: cómo nos vemos y cómo nos hablamos a nosotras mismas

El corazón de tu bienestar: la autoestima

Si lo que acabas de leer ha hecho «clic» en tu cabeza y tienes ganas de comenzar un viaje en el que adquirirás conocimientos y recursos para reducir tu *burnout*, el lugar ideal para iniciar ese camino es la mismísima base del bienestar: **la autoestima**. Esa misma de la que todo el mundo habla y persigue, pero que muchas veces resulta tan difícil de alcanzar. Es como la búsqueda interminable de un tesoro. Aunque tenemos claro que es algo importante, **¿sabemos realmente a qué nos referimos?** Porque, cuando pensamos en la autoestima, lo primero que nos suele venir a la mente es nuestra imagen corporal.

Al menos eso es lo que pensaba yo cuando era una adolescente. Recuerdo que para mí la autoestima era el resultado de la valoración que hacía cuando me ponía delante del espejo y me observaba. Y eso también era así en mi grupo de amigas cuando, dependiendo de cómo se vieran o qué ropa se pusieran, decían que ese día tenían «una buena autoestima» o «la autoestima por los suelos». Si lo piensas con detenimiento, estoy segura de que alguna vez habrás escuchado a alguien decir: «Con ese físico no puede tener problemas de autoestima». Puede que tú misma hayas dicho esa frase alguna vez, solo como una mera observación o un halago que nace desde la admiración y el aprecio hacia otra persona.

A pesar de que la imagen corporal es una parte importante, **la autoestima** no es solo eso: **va mucho más allá**. Antes de tratar con más profundidad este concepto, me gustaría plantearte estas preguntas, que puedes responder mentalmente con un «sí» o un «no».

PREGUNTAS

- ¿Crees tener cualidades admirables y habilidades que aportar?
- ¿Tiendes a confiar en ti misma a la hora de tomar decisiones?
- ¿Crees que, por lo general, tienes una opinión positiva de ti misma?
- ¿Disfrutas pasando tiempo a solas y no es un problema para ti?
- ¿Eres capaz de decir «no» y poner límites cuando lo necesitas?
- ¿Puedes identificar y valorar los logros que has conseguido a lo largo de tu vida?
- ¿Tiendes a ser compasiva contigo cuando cometes errores?
- ¿Te gusta la persona que eres?
- Si tuvieras una versión de ti misma delante, ¿os llevariais bien?

Si la mayoría de tus respuestas han sido «sí», parece que tienes una buena autoestima. Por el contrario, si la mayoría han sido «no», espero que estas páginas te puedan ayudar a mejorar la relación que tienes contigo misma. No obstante, quiero que tengas claro que estas preguntas son orientativas: bajo ningún concepto son (o pretenden ser) un diagnóstico.

Ahora bien, para entender qué es la autoestima, es necesario mencionar también el autoconcepto, ya que, al ser dos términos que van de la mano, suelen confundirse:

- El **autoconcepto** es la imagen mental que formas sobre quién eres y que surge del conjunto de creencias y percepciones que tienes de ti misma. Es decir, es lo que piensas de ti con respecto a tus cualidades, a tu forma de ser, a las cosas que te caracterizan, etc. Por ejemplo: «Soy alta, tímida y amable».
- La **autoestima** es la valoración que surge en base a lo que opinas de ti. Es decir, es el juicio de valor que haces de ti misma en función de lo que consideras positivo o negativo. Por ejemplo: puedes valorar ser alta como algo positivo, tímida como algo negativo y amable como algo positivo.

Para mayor aclaración: visualiza, por ejemplo, un examen. **El autoconcepto sería la información que escribes en la prueba; la autoestima, en cambio, la nota que pondrías después de juzgar el contenido del examen que acabas de leer**. De esta manera, la acumulación de puntuaciones negativas sería el equivalente a una baja autoestima; la de puntuaciones positivas, al contrario, una alta autoestima.

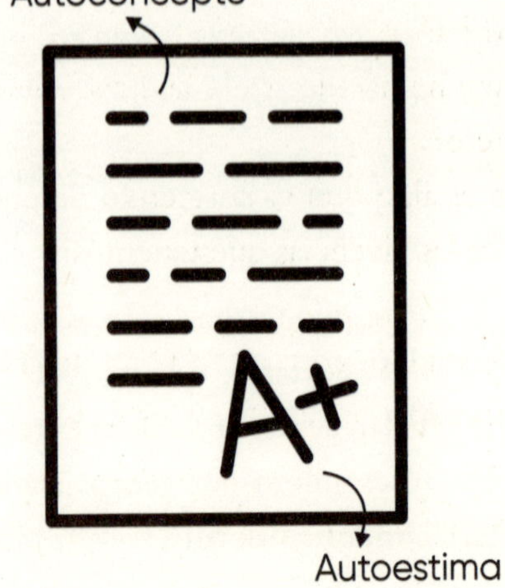

EJERCICIO

- **¿Cómo es la imagen mental que tienes de ti misma?** Descríbete usando todas las palabras, cualidades, defectos o detalles que consideras que te caractericen.
- **¿Cómo valoras esa imagen mental que acabas de describir?** Valora, en base a tu juicio y opinión, si esas descripciones que has dado son positivas o negativas.

A veces no es tan sencillo identificar lo que piensas de ti o, si lo es, puede resultar doloroso cuando, al reconocerlo, te das cuenta de que lo que encuentras es más negativo que positivo. En ese caso, te mando un abrazo fuerte desde la distancia y te recuerdo que puedes tomarte los descansos que necesites a lo largo de la lectura.

Ahora que has identificado lo que piensas de ti (autoconcepto) y lo que sientes al respecto (autoestima), puede que por tu mente estén pasando algunas de estas **preguntas**:

- ¿Por qué tengo la autoestima que tengo?
- ¿De qué depende?
- ¿Por qué me veo de esta manera?
- ¿Por qué me cuesta tanto valorarme de manera positiva?
- ¿Por qué hay personas que tienen una autoestima tan baja y otras tan alta?
- ¿Es porque he nacido «programada» con un tipo de autoestima en concreto?
- ¿O acaso es algo que va surgiendo después en función del entorno y de las vivencias que tenemos?

La psicóloga Silvia Congost, en su libro *Autoestima automática*, indica que **el 30 % de nuestra autoestima está determinada por nuestra genética**, mientras que **el 70 % restante se construye en función de las vivencias** que surgen en nuestro entorno (en nuestra familia, en las experiencias traumáticas, en el entorno académico, en la educación que recibimos, en los valores inculcados, en los aprendizajes que obtenemos, en nuestras relaciones, etc.).

Sin embargo, esto no quiere decir que estés condicionada a tener un tipo de autoestima en concreto. Aunque nazcas con una «predisposición» a ser de cierta manera (como ser más negativa que positiva o ser más introvertida que extrovertida), no olvides que tan solo estamos hablando del 30%. De hecho, la parte que juega el papel más determinante en tu autoestima es, precisamente, la del 70%.

Espero que esto lo interpretes como una buena noticia, puesto que, independientemente de cómo sea tu nivel de autoestima, estos datos indican que **siempre estás a tiempo de mejorarla**. La autoestima no es algo estático e inalterable, sino que va cambiando y fluctuando a lo largo de la vida. Y eso es algo esperanzador, ¿no crees?

Ahora que sabes que tienes un papel importante que cumplir contigo misma, quiero mostrarte por qué es fundamental que lo lleves a cabo. Tu autoestima **es el reflejo de cómo te han mirado** y tratado, pero **también es el reflejo de cómo ves y tratas a los demás y a ti misma**. Y esto se visualiza de diferentes maneras:

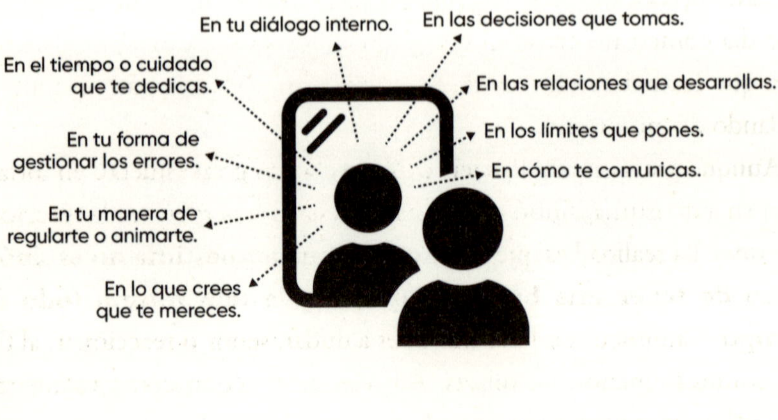

Reflejo de la autoestima negativa	Reflejo de la autoestima positiva
• Diálogo interno irracional y crítico. • Dificultad para tomar decisiones, las dudas e inseguridades te inmovilizan. • Te vuelcas por completo en tus relaciones y te olvidas de ti misma. • Te cuesta mucho poner límites, así que no lo haces, o muy pocas veces. • A menudo no expresas lo que sientes o piensas por la reacción externa. • Te cuesta regularte por tu cuenta, así que recurres a la ayuda externa. • No confías en tu capacidad para afrontar las adversidades que surgen.	• Diálogo interno racional y compasivo. • Iniciativa a la hora de tomar decisiones, a pesar de las dudas que tengas. • Dedicas tiempo y cuidas tus relaciones sin olvidarte de ti o dejarte de lado. • Aunque poner límites es incómodo, es algo que haces cuando lo necesitas. • Tiendes a expresar lo que de verdad sientes o piensas de manera asertiva. • Sabes cómo regularte y tienes recursos, aunque no rechazas la ayuda externa. • Sueles confiar en tu capacidad para afrontar las adversidades que surgen.

Sin embargo, no todo es «blanco» o «negro» cuando hablamos de los tipos de autoestima. Se cree que una persona tiene buena autoestima positiva cuando nunca duda de sí misma, siempre sabe poner límites, no se habla mal, siempre sabe qué decisión tomar, no se desregula emocionalmente, etc. Pero **esta creencia es errónea**.

Esto mismo pensaba Patricia, una paciente a la que acompañé que, me expresó con nervios y preocupación lo siguiente: «Ángela, creo que he dado marcha atrás con el trabajo de autoestima que hemos hecho. El otro día cometí un error en el trabajo y, aunque solo me lo señalaron para que lo tuviera en cuenta, luego me pasé toda la tarde llorando y dudando de mí misma».

Aunque previamente Patricia había hecho un gran esfuerzo en fortalecer su autoestima, sintió que lo había echado a perder por la reacción que tuvo. La realidad es que tener **una buena autoestima no es sinónimo de tener una buena valoración de una misma todo el tiempo**. Tampoco nos hace inmunes a dudar, sentir o reaccionar: al final, somos humanos, no robots. Así que, para valorar cómo es nuestra autoestima, debemos fijarnos en la tendencia general de nuestras acciones, aunque en algunas ocasiones hagamos lo contrario.

Por tanto, puedes dudar o sentir nervios a la hora de tomar una decisión, porque gozar de una buena autoestima no implica seguir un «guion» de los pasos correctos que debes dar, ni de los caminos que van a surgir después. Del mismo modo que puedes sentir miedo, enfado, tristeza o ganas de llorar, porque una buena autoestima no es incompatible con sentir emociones. **Lo que de verdad te va a acercar a tener una buena autoestima será el tipo de gestión que hagas durante, o después**, de eso. Y, aun así, es totalmente válido que te pases una tarde entera llorando y al día siguiente reflexiones sobre lo que ha pasado y decidas lo que necesitas hacer.

EJERCICIO

La metáfora del jardín

Imagina que tienes un jardín y que eres la única responsable de cuidarlo. Este jardín está **dividido en tantas parcelas como áreas de tu vida** tengas (familia, amistades, pareja, estudios, trabajo, salud, físico, ocio, etc.). En estas parcelas habrá todo tipo de árboles y plantas, algunas de ellas incluso te darán una gran variedad de flores, que representan las experiencias, beneficios, logros, relaciones e interacciones positivas de cada una de tus áreas. Por tanto, cuanto más positivas sean, más frutos y más flores de todos los colores y tamaños tendrás.

Sin embargo, **no todas las plantas producirán flores**, ni tampoco todos los árboles darán frutos. Esto dependerá del tiempo que haga, las condiciones del entorno, el terreno en el que crezcan, el cuidado que reciban, etc. Asimismo, como no deja de ser un jardín, también pueden surgir malas hierbas que crecerán entre tus preciosas plantas. Estas hierbas representan los desafíos, las preocupaciones y los problemas que tienes, así como las experiencias, las relaciones y las interacciones negativas en cada una de tus áreas.

Por ello, dependiendo de cómo sea tu relación con cada una de esas parcelas, de cómo las cuides y de qué resultados te den, tendrás más o menos flores, frutos y malas hierbas.

Hazte estas preguntas:

- ¿Cómo están las parcelas (áreas de tu vida) de tu jardín?
- ¿Cuáles de ellas son las que más flores o frutos te dan?
- ¿Cuáles son las que más malas hierbas tienen?
- ¿A qué parcelas les dedicas más cuidado y atención?
- ¿Cuáles son las que están más olvidadas?

Es probable que, en tu esfuerzo por mantener tus parcelas bien cuidadas, te enfoques exclusivamente en esas malas hierbas que salen y acabes dedicando toda tu energía y tu tiempo a arrancarlas. Quizá algunas de ellas no vuelvan a salir porque les has puesto remedio (como acabar una relación que te generaba sufrimiento). En cambio, habrá otras que, por mucho que las arranques, volverán a salir, porque no dependen de ti (como la reacción o los comentarios de los demás).

En este último caso, **puedes actuar de dos formas:** en primer lugar, alejándote un poco de esa parcela para ver con perspectiva todo el jardín y valorar el resto de las plantas que te está dando; y, en segundo lugar, cultivando otras semillas que te ayuden a sobrellevar mejor la presencia de esas malas hierbas (como poner límites y aprender a gestionar ciertos comentarios).

Hazte estas preguntas:

- ¿Cuáles de las malas hierbas que has identificado pueden ser arrancadas porque dependen de ti?
- ¿Cuáles de ellas son las que se escapan de tu control y, por tanto, no puedes quitar?
- ¿Cuáles son las flores o frutos que, en el proceso de arrancar las malas hierbas, no has estado apreciando o has estado dejando de lado?
- ¿Qué semillas podrías plantar en esas parcelas para que te ayuden a gestionar mejor la presencia de esas malas hierbas?

De esta manera, en vez de enfocarte únicamente en esas hierbas y desatender el resto de tus parcelas, **aprendes a aceptar su presencia.** Y esto no significa que estés perdiendo el control de tu jardín o que estés renunciando a cuidarlo, sino que, aun sabiendo que no existe el jardín perfecto porque la presencia de malas hierbas es inevitable, **no estás dejando que estas malas hierbas se conviertan en el centro de tu vida** y eclipsen todo lo demás.

Esta metáfora te ayuda a entender cómo cuidas y gestionas las áreas de tu vida en función de tu nivel de autoestima. Pero, a su vez, te muestra cómo estas parcelas, dependiendo del tipo de plantas que crecen en ellas, pueden estar influyendo directamente en tu autoestima. Es un canal de doble sentido.

No obstante, también suele pasar que, **por estar tanto tiempo atendiendo una parcela**, ya sea regándola o arrancando las malas hierbas, las demás se queden olvidadas o relegadas en un segundo plano. De esta manera, como solo estamos cultivando un canal directo hacia nuestra autoestima, **es inevitable que nuestra identidad se acabe fusionando con dicha área.**

Y, como llevamos toda la vida preparándonos para trabajar, cuando por fin empezamos y le dedicamos tantas horas de nuestra semana y de nuestra vida, es frecuente que, sin darnos cuenta, en algún momento acabemos fusionando nuestra identidad con el área laboral.

Cuando la identidad se fusiona con el trabajo

Si estuviera delante de ti, ¿qué información me darías para que pudiera conocerte mejor?

Quiero que pienses en lo que sueles decir cuando conoces a alguien y que escribas una **breve presentación de ti misma**. Intenta, en la medida de lo posible, ajustarte a la realidad y anotar lo que siempre sueles decir en ese tipo de situaciones:

. . . .

. . . .

. . . .

. . . .

PREGUNTAS

- **¿Te has presentado nombrando tu trabajo?** Si es así, ¿en qué posición se encuentra? ¿Al principio, al final o en medio? Si no es así, ¿pensaste en nombrarlo, aunque finalmente no lo hicieras?
- **¿Cuáles de las palabras que has usado hacen referencia a ti y cuáles al trabajo?** Quiero que valores si las palabras que has usado realmente son atributos personales o laborales.

Atributos personales	Atributos laborales
Por ejemplo: «cercana», «me gusta viajar», «juego al tenis», etc.	Por ejemplo: «enfermera», «hospital», «organizada», etc.

Hacer una presentación de una misma sin hacer ningún tipo de referencia a la profesión puede ser todo un reto. Cuando nos presentamos o conocemos a alguien, es frecuente que **«yo soy [profesión]»** tarde muy poco en decirse o escucharse. De hecho, según la profesora Anne Wilson, si sueles mencionar tu empleo en el primer minuto de una conversación, puede ser una **señal de que los límites entre tu vida personal y tu trabajo se están fusionando**, al igual que pensar constantemente en el trabajo, trabajar fuera de tu horario laboral y no saber quién eres o qué es lo que te representa más allá de tu rol de trabajadora.

Si te has sentido identificada con algunas de estas señales, déjame decirte que es algo muy frecuente y que casi siempre hacemos de manera inconsciente. Yo misma me analizo y me doy cuenta de la cantidad de veces que me presento diciendo: «Me llamo Ángela y soy psicóloga». Y no es que esté mejor o peor, pero, cuando luego me observo hablando solamente de lo que he estudiado o de otras cosas relacionadas con mi trabajo, entonces me pregunto: «¿De verdad eso es lo primero que digo cuando hablo de mí? ¿Eso es lo que más me representa? Porque no nací siendo psicóloga, eso vino después. ¿Cómo es la persona que hay detrás de la psicóloga?».

Aunque es cierto que el trabajo puede ser una parte definitoria de quiénes somos, **es** incorrecto e **injusto para nosotras pensar que eso es lo único que nos representa** o que es la totalidad de nuestra persona. Aceptar esto puede resultar tremendamente difícil, porque implicaría desestimar y **romper con algunos de los ideales, valores y lecciones que nos ha inculcado la sociedad**; esa misma que está estructurada en torno al trabajo y que nos ha enseñado que es lo más importante y un «indicador clave» de nuestro estatus e identidad.

¿SABÍAS QUE...?

- En griego antiguo, la palabra **«trabajo»** era «*doulos*», que quería decir «esclavitud»; en español y en francés, el término procede del latín «*tripalium*», que hacía referencia al potro de tres palos al que se ataban los esclavos a fin de castigarlos; en ruso, «trabajo» es «*rabota*», que proviene de la raíz «*rab*», que significa «esclavo»; y, en inglés, la palabra «*labor*» era sinónimo de «*torment*» («tormento») y «*agony*» («agonía»).
- El apellido **más común** en Alemania y Suiza es «Müller» («molinero»); en Eslovaquia es «Varga» («zapatero»); y en Estados Unidos, Reino Unido, Canadá y Australia es «Smith» («herrero»).

Es indudable que **el trabajo** ha sido, y sigue siendo, **una parte fundamental en la vida de las personas**. Desde los orígenes de la humanidad, era algo esencial para la supervivencia. Nuestros ancestros se dividían en grupos para construir, recolectar y cazar: así se aseguraban de tener un lugar en el que vivir y un sustento con el que alimentarse. Con el paso del tiempo se dio una división laboral, y surgieron gran variedad de nuevos oficios (comerciantes, artesanos, agricultores, etc.).

En la Edad Media era muy común que a las personas se les asignaran apodos basados en sus oficios. Esta idea nació de la necesidad de diferenciar a los individuos que tenían el mismo nombre dentro de una misma población. Si, por ejemplo, un hombre llamado Mateo era pastor, lo llamaban «Mateo el Pastor», hasta que, eventualmente, su apellido se acabó estableciendo como «Pastor». Este es un claro **ejemplo de cómo la identidad puede fusionarse con el trabajo**. Podrían haber escogido otros atributos que hiciesen referencia a su personalidad, como «Mateo el Amable» o «Mateo el Bondadoso», pero decidieron escoger su oficio.

De igual forma que esos apellidos fueron transmitiéndose de generación en generación, también lo hicieron los oficios. Como nuestros antepasados no tuvieron más remedio que heredar la ocupación de sus progenitores, ahora que nosotras contamos con una gran variedad de nuevos trabajos, pensamos que **lo que elijamos tiene que ser una extensión o un reflejo de quiénes somos**. Porque quizá ellos no tuvieron elección, pero nosotras sí, lo que puede llevarnos a exigirnos más a la hora de escoger una carrera o un trabajo. Y es normal elegir lo que es más afín a ti, a tus valores y a tus intereses y que, además, luego te sientas identificada con tu trabajo, pero, si apuestas todas tus fichas a un único ganador, ¿qué te queda cuando este falla?

Seguro que conoces a alguien que, tras haberse quedado sin trabajo o haberse jubilado, parece una cáscara vacía: ya no sabe quién ser sin lo que era en su profesión, o no sabe cómo llenar su día sin la presencia del trabajo. Quizá lo observes contigo misma cuando cometes un error en el trabajo, las tareas se acumulan o tu jefe te da una contestación seca y condescendiente. Esto puede hacer que llegues a casa triste y frustrada, pensando: «No soy lo suficientemente buena o inteligente»; «Soy una inútil»; «No tengo las habilidades necesarias».

Si no tienes una identidad bien construida acerca de quién eres y una barrera que separe tu área personal de la laboral, **lo más probable es**

que acabes aceptando esos pensamientos como si fueran la realidad más absoluta y que el hoyo en el que se encuentra tu autoestima todavía se haga más profundo. Porque eso es lo que suele pasar cuando, de manera consciente o inconsciente, vinculas tu razón de ser y tu identidad con tu trabajo; **te valoras en función de tus méritos laborales y tu nivel de autoestima depende de estos o de cuánto productivas seas**.

**Recuerda:
no eres tu trabajo, tu posición, tu salario o tu formación. Eres tú, con tu forma de ser, tus cualidades, tus habilidades, tus intereses y tus gustos, lo que de verdad habla de la persona que eres.**

Por ello, te propongo que, a partir de ahora, cada vez que te presentes a alguien, cambies el «Yo soy [profesión]» por «Yo me dedico a…» o «Yo trabajo de/en…». Aunque pueda parecer algo insignificante, en realidad estás dando el primer paso para separar tu identidad de tu trabajo.

No obstante, como no es suficiente con realizar ese cambio, te propongo que **hagas tu propio currículum**: pero no el típico que estás acostumbrada a hacer, ese en el que explicas tu recorrido educativo y laboral, sino uno **que hable de la persona que en realidad eres** y de **lo que de verdad te define**. Así que coge un folio y un bolígrafo, o abre un archivo Word en tu ordenador, y empecemos juntas a elaborarlo.

Hablemos de tus cualidades

EJERCICIO

Currículum de la autoestima de:

. . . .

BREVE PRESENTACIÓN

(No se trata de poner la misma presentación de antes; teniendo en cuenta lo que has leído, preséntate de otra manera).

CUALIDADES QUE CONSIDERO QUE TENGO

(Escribe, como mínimo, cinco cualidades. Si te resulta muy difícil hacerlo, te animo a buscar en internet un listado de cualidades personales para identificar y escribir aquellas que más resuenen contigo).

CUALIDADES QUE LOS DEMÁS CONSIDERAN QUE TENGO

(Piensa en las personas que son más importantes para ti (familia, amistades o pareja), y elige, como mínimo, a tres de ellas para que te digan las cualidades que ven en ti. Estoy muy segura de que algunas de esas cualidades que te han dicho se repiten y, de no ser así, probablemente algunas de ellas sean sinónimas de otras. Si te cuesta creerte esas palabras porque estás pensando que las han dicho porque te quieren o te tienen aprecio, lo que te acabo de decir desestimaría esa creencia. Porque **si provienen de fuentes distintas, pero coinciden, tienen que ser ciertas**).

DEFECTOS QUE IDENTIFICO EN MÍ

(El trabajo de autoestima no consiste únicamente en identificar y apreciar tus cualidades, sino también en aceptar y abrazar tus defectos porque, al igual que no hay jardín sin malas hierbas, tampoco existen personas «perfectas». Aun así, siempre estás a tiempo de trabajar en ellos o de reflexionar si esos defectos que has escrito consideras que provienen de ti o fue más bien otra persona la que te los dijo y, sin darte cuenta, los asumiste como ciertos).

LOGROS QUE ESTOY ORGULLOSA DE HABER CONSEGUIDO
(No tienen que ser grandes o heroicos, sino cualquier cosa, por mínima que sea, que valores haber hecho u obtenido).

ACTIVIDADES O AFICIONES QUE MÁS ME GUSTAN
(Aquellas que más disfrutas haciendo y que explican parte de la personalidad o de los gustos que tienes).

Espero que este currículum te haya ayudado a conocerte mejor y definir tu identidad personal. Porque, cuanto mayor sea el conocimiento que tengas en cuanto a quién eres y qué te define, más capas de «escudo» tendrás a la hora de **protegerte de los comentarios externos y te resultará más fácil separar tu vida personal de tu trabajo**.

El motor que nos mueve: el sentido vital

> Todos tenemos dos vidas: la primera comienza
> cuando nos damos cuenta de que solo tenemos una.
>
> CONFUCIO

Estamos completamente desconectadas de lo que es vivir; tan absorbidas por la rutina y tan centradas en mejorar y lograr continuamente más cosas que nos hemos convertido en una sociedad que vive más en el futuro que en el presente. **Si hay algo que todavía es más importante que la autoestima, es el sentido vital.** Podemos tener la mejor la autoestima del mundo, pero, si carecemos de sentido vital, es como si estuviéramos presas de una vida que ni siquiera disfrutamos y entendemos.

El sentido vital es eso que nos mueve en la vida y que dota de propósito a nuestra existencia: es el **por qué** y el **para qué vivimos**. Se trata de un aspecto central y está estrechamente relacionado con nuestro bienestar.

No sé si has visto la película *Soul*, de Pixar-Disney. Si no lo has hecho, te la recomiendo encarecidamente, ya que representa la importancia del sentido vital. La película nos narra la historia de Joe Gardner, un profesor de música de instituto cuyo sueño siempre ha sido ser pianista de jazz. A pesar de que su trabajo actual también está relacionado con la música, siente que eso no es lo que quiere, porque no le hace feliz. Por eso, cuando un día un antiguo alumno suyo le llama para ofrecerle la posibilidad de tocar con una gran saxofonista a la que Joe tanto admira, este acepta sin dudarlo. Sin embargo, horas antes de que el soñado momento de Joe llegase a cumplirse, se cae por una alcantarilla y queda en coma.

Después de eso, Joe llega a un lugar (que prefiero no contarte por si no la has visto) donde consigue hacer un gran trabajo de introspección y de aprendizaje sobre sí mismo y sobre lo que es la vida. Cuando finalmente despierta del coma y llega a tiempo a su deseado concierto de jazz, a pesar de que disfruta de ese momento, se da cuenta de que le ha sabido a poco y que no sabe cuál es realmente su destino. Es entonces cuando la saxofonista a la que tanto admira le explica la siguiente metáfora:

> Un pez pequeño le pregunta a otro más viejo dónde puede encontrar el océano. El pez viejo le contesta: «Estás en él ahora mismo»; a lo que el joven, decepcionado, le responde: «Pero si esto es agua, lo que yo busco es el océano».

Si nos empeñamos en buscar la felicidad y el sentido de la vida únicamente a través de las cosas más extraordinarias o de las metas profesionales, cuando no las conseguimos o, por el contrario, las alcanzamos y nos quedamos sin más motivación, corremos el riesgo de perder nuestro motor y de vivir una monotonía sin sentido. A veces **nos preparamos tanto para la vida que se nos olvida vivir**. Y en realidad la vida no empieza cuando logras lo que siempre quisiste: comienza desde el momento en el que naces. Todo lo que sucede por el camino es importante.

La búsqueda de lo extraordinario a veces nos impide ver lo evidente: que el océano puede ser eso que esta justamente delante de nuestros ojos. Porque hasta **lo más pequeño u ordinario puede ser lo que más dote de sentido a nuestra vida**: recibir un abrazo cuando más lo necesitamos, quedar con una amiga a la que hacía mucho que no veíamos, el gesto amable de un desconocido, una persona cantando en el metro, etc.

No puedo decirte con exactitud cuál es la respuesta al sentido de tu vida, ya que **dependerá del valor y del significado que le des a las cosas**, pero sí puedo decirte que este no se limita a un único elemento o actividad, sino que puede manifestarse de diferentes maneras y en distintos momentos de tu vida. Te dejo algunas preguntas que te ayudarán a reflexionar sobre tu sentido vital:

PREGUNTAS

- Si alguien te preguntase por qué merece la pena vivir, ¿qué le responderías?
- Si solo pudieras quedarte con diez cosas de la vida, ¿cuáles serían?
- ¿Qué momentos de tu día a día son los que más valoras o agradeces?
- ¿Qué situaciones de tu vida son las que recuerdas con más cariño y gratitud?
- Si te quedase solo un día de vida, ¿qué harías en tus últimas veinticuatro horas?
- Cuando te encuentres al final de tu existencia, ¿qué te gustaría haber conseguido?

A pesar de que a veces pueda resultar difícil de identificar, espero que estas preguntas hayan supuesto para ti una base desde la que partir. Puede que descubras que el camino que crees que te llevará a sentirte plena y feliz no es el que te habías marcado en un inicio; o que la respuesta que diste en su momento a la pregunta de qué querías ser de mayor o qué deseabas estudiar ahora sea distinta.

Sea cual sea la contestación, lo que está claro es que **todas merecemos disfrutar de nuestra vida**. Recuerda tener los ojos bien abiertos para observar a tu alrededor porque, a veces, las realidades más obvias son las más difíciles de ver. Y, si aun así continúas sintiendo que tu diálogo interno te sabotea y no te deja apreciar esos detalles porque los minimiza o los infravalora, vamos a ver cómo puedes gestionar ese tipo de pensamientos.

Organicemos y revisemos ese caos mental

El diálogo interno es el **acto mental de conversar continuamente contigo** misma. Es la voz de tu mente que comenta tus experiencias, interpreta lo que ocurre a tu alrededor, te pregunta y te responde, te anima o te critica, etc. Esa voz diaria es tan frecuente y recurrente que muchas veces ni siquiera reparamos en ella.

De hecho, un equipo de psicólogos de la Universidad de Queen estimó que **la media de pensamientos diarios** de una persona ronda los **seis mil doscientos**. Y Sharon M. Koening argumentó que realmente se pueden llegar a procesar hasta unos sesenta mil (sí, ¡has leído bien!). Pero todavía es más impactante saber que, de esos pensamientos, **el 95 % son involuntarios** y hasta **un 80 % negativos**.

Debido a la incomodidad y malestar que te generan estos últimos, es en ese momento cuando eres más consciente de tu diálogo interno o cuando el contenido del discurso te dice: «Eres un desastre»; «Te van a despedir porque no has sido lo suficientemente buena»; «Se van a dar cuenta de que eres una impostora»; «No haces nada útil»; etc.

Si te sientes mal por tener ese tipo de pensamientos y te invade la frustración, la impotencia o la tristeza por pensar así, déjame decirte que es completamente normal tener este tipo de pensamientos. Suelen ser automáticos y, por tanto, aparecen de manera repentina sin que lo deseemos o sin que ejerzamos ningún tipo de control sobre ellos.

¿Por qué nuestro cerebro está programado para tener pensamientos negativos? ¿Por qué se fija más en estos que en los positivos? Para él, lo más importante no es la felicidad, sino la supervivencia.

Estamos **programadas para dar más valor a lo negativo** que a lo positivo, y por eso recordamos más los fracasos que los éxitos, los errores que las soluciones, los hechos traumáticos que las experiencias agradables. Es un instinto que hemos heredado de nuestros antepasados con el **objetivo de detectar los peligros** del entorno. Y menos mal, porque si estos primeros individuos, que vivían en cavernas y tenían una vida mucho más precaria que la nuestra, no hubieran estado en alerta, pensando y analizando todos los posibles peligros del entorno, a lo mejor no hubiéramos sobrevivido como especie.

Si, por ejemplo, cuando se encontraban con una huella o un rastro de animales durante una de sus salidas de caza y de exploración, no se hubiesen parado a analizarla y a contemplar todas las posibles situaciones catastróficas que podían explicar esa presencia y lo que implicaba para ellos, lo más probable es que no hubiesen conseguido llevar alimento a su hogar o que no hubiesen sobrevivido al encuentro con dicho animal, por no haber estado lo suficientemente preparados. Como resultado, esta información y esta determinada forma de actuar se ha transmitido a través de sus genes.

Afortunadamente, no tenemos que enfrentarnos diariamente a ese tipo de situaciones: eso no significa, por el contrario, que ese mecanismo de defensa haya desaparecido. Si extrapolamos esto al ambiente laboral, puede que esos «no haces nada bien» y «esto no es lo suficientemente bueno» formen parte de tu diálogo interno porque en tu familia eran muy estrictos contigo o porque tu actual jefe es un hueso duro de roer y te echa en cara los fallos (reales o imaginarios) que siempre encuentra en tus trabajos. Al haber tenido este tipo de experiencias previas, lo que hace tu cerebro es prepararte para evitar de nuevo ese **tipo de situaciones que percibe como «amenazantes»**.

No obstante, en realidad no lo son, puesto que tu vida no corre peligro. A diferencia de lo que ocurriría, por ejemplo, si estuvieras cruzando por un paso de peatones y vieras un coche que se está acercando y que no hace amago de parar. Si no pensases que «este coche no se va a detener y me va a golpear», no cruzarías rápido la carretera para salvar tu vida. Lo mismo sucedería si, por ejemplo, estuvieras andando por la calle y vieras que más adelante hay un grupo de personas alteradas y a punto de pelearse. Y, si no pensases que «puede ser peligroso pasar cerca de este grupo en ese estado», no escogerías otra manera de llegar a tu destino evitando pasar por ahí. Estos pensamientos son más o menos conscientes, pero están ahí, aunque tú no te des cuenta.

Entonces ¿por qué surgen en situaciones donde no hay un peligro real? En la actualidad, el instinto de supervivencia ha pasado a ser un sesgo de negatividad.

El sesgo de negatividad es la tendencia a darle más importancia a los sucesos negativos que a los positivos, y a percibir riesgos y amenazas donde no las hay. Y, como **el cerebro no discrimina entre el peligro real externo y la percepción interna de peligro** o los pensamientos angustiantes, este actúa del mismo modo en ambos casos.

Imagínate que estás muy nerviosa porque mañana tienes que dar una charla en el trabajo y no paras de pensar: «Lo voy a hacer fatal»; «Se reirán de mí»; «Van a pensar que no valgo para esto»; etc. Además de ese diálogo interno, estás notando que cada vez estás más tensa, nerviosa, preocupada y temerosa. Y, a pesar de que todo esto está pasando en tu cabeza mientras estás en tu cama y en un lugar seguro como es tu casa, tu cerebro no se da cuenta de eso.

Solo se fija en que, a nivel mental y físico, **algo negativo te está sucediendo** y, aunque ese diálogo que estás teniendo en tu cabeza en realidad no se está desarrollando en el momento presente, **tu cerebro y tu cuerpo están reaccionando como si estuviera ocurriendo de verdad** (ansiedad, tensión, sensación de peligro, etc.).

En este sentido, se ha observado que solo con el hecho de leer una lista de frases o palabras negativas durante unos minutos el cuerpo empieza a desarrollar una respuesta de ansiedad. De la misma manera, cuando estás **en un bucle de pensamientos negativos, tu cerebro reacciona de la misma forma que lo haría si estuvieras**, por ejemplo, **delante de un león**. Y, aunque es cierto que en este último caso lo haría de una forma mucho más rápida, intensa e inconsciente, al final la manera de proceder sería la misma.

Por eso, en situaciones de ansiedad o de malestar en el trabajo, es habitual que se produzcan diálogos internos desbordantes y abrumadores con un contenido destructivo, despectivo o desesperanzador sobre una misma, el trabajo o la vida en general.

Entonces ¿cómo podemos parar los pensamientos negativos si son automáticos? ¿Cuál es la mejor estrategia para afrontarlos? La clave no está en evitarlos (es imposible) o en suprimirlos (sería invalidarte), sino en lo que haces cuando surgen.

Quiero que te visualices sentada en el banco de un parque leyendo un libro. Estás disfrutando del momento: notas el agradable calor del sol en tu piel y escuchas el sonido de los pájaros de fondo. Miras a tu alrededor y te das cuenta de que hay algunas palomas a tu alrededor: decides darles algunas migas del pan que cogiste en una panadería de camino al parque. Al lanzar las primeras migas, las palomas empiezan a acercarse cada vez más y también aparecen otras nuevas.

No tienes más migas de pan que dar, por lo que retomas la lectura, pero, por mucho que intentas disfrutar del momento, como lo estabas haciendo minutos antes, te das cuenta de que no puedes. Estás tan rodeada de palomas que empieza a resultar terriblemente molesto. Algunas de ellas se están posando encima de ti, otras meten el pico en tu bolsa buscando más pan, el resto sigue revoloteando a tu alrededor y levantando polvo con sus alas. Así que, como ha desaparecido la armonía y ese «buen rollo» que sentías antes, decides que no te queda más opción que cerrar el libro y marcharte molesta.

Los pensamientos negativos funcionan muy parecido a las palomas de la metáfora. Al principio éramos conscientes de que estaban ahí, al igual que nuestros pensamientos son una presencia constante en nuestro día a día. Cuando se los alimenta, **pasan de ser una parte del fondo a tener un protagonismo**, invadiendo tu espacio mental y causándote un gran malestar. Por tanto, a mi modo de ver se te plantean dos opciones:

1. **Puedes darle «bola» a esos pensamientos automáticos con otros** que son más conscientes **y acabar en un bucle de pensamientos negativos** que solo incrementarán, o mantendrán (en el mejor de los casos), el malestar.

   Por ejemplo, si alimentas el pensamiento de que, «por ser una despistada, hoy no vas a terminar las tareas a tiempo», pueden surgir otros: «¿Qué van a pensar de mí?»; «Soy incapaz de hacer las cosas bien»; «Es que soy una inútil»; etc.

   Si tienes este tipo de pensamientos de manera constante y prolongada en el tiempo, es posible que te evalúes de manera negativa, tu autoestima disminuya, desarrolles sentimientos de culpa, inutilidad y frustración, dudes de tu valor profesional, te encuentres apática e indiferente, y estés agotada emocionalmente. En resumen, los pensamientos automáticos negativos dan lugar a emociones y conductas disfuncionales.

2. **Puedes contestarlos con otros pensamientos que sean mucho más racionales y compasivos a lo que te está pasando.** Pero no te confundas, no se trata de crear un discurso extremadamente positivo que ni tú misma te creas (¡ojo, no se trata de ser la reina de la positividad!), sino de contestar mediante pensamientos que se ajusten a la realidad y a las evidencias. De esta manera, aunque eso no hará que el malestar desaparezca de un plumazo, al menos no lo estarás incrementando. Por tanto, esta **sería la mejor estrategia de afrontamiento**.

Si retomamos el ejemplo anterior, podrías contestar al primer pensamiento de la siguiente manera: «Hay muchas cosas que no dependen de mí y que pueden haber interferido en mis tareas, pero está claro que criticarme tampoco me va a ayudar a terminarlas antes. Voy a hacer lo que pueda hoy, y mañana tendré en cuenta lo que me ha podido retrasar para procurar que no se repita».

Esa respuesta está muy bien. Pero ¿cómo puedo crear ese tipo de diálogo más racional, realista y compasivo? Lo primero es identificar esos pensamientos negativos y, después, aprender a contestarlos.

Basándome en los planteamientos iniciales de Beck y de otros autores como Ruiz y Luján, quienes realizaron las primeras y esenciales aportaciones sobre los diálogos negativos recurrentes, he reunido los más conocidos y los he clasificado en **cinco categorías** diferentes (y, sí, también puedes sentirte identificada con cada uno de ellos):

1. **Diálogos inflexibles.** Puedes sentirte identificada con este tipo de diálogo interno si sientes que tiendes a interpretar las situaciones de forma extrema o a sacar conclusiones generales negativas. Al pensar de esta manera, no estás teniendo en cuenta otros aspectos que influyen y estás generalizando las cosas en términos absolutistas. Es un diálogo gobernado por los «siempre», «todo», «nada» y «nunca» que influye negativamente en la percepción que tienes de ti misma, de tus capacidades y de la posibilidad de lograr un cambio o mejoría.

> Sonia era una paciente con un fuerte discurso inflexible. Si de los proyectos que tenía que entregar esa semana había uno que no lo hacía a tiempo, su diálogo interno se llenaba de: «Soy un desastre, nada me sale bien»; «Nunca entrego las cosas a tiempo».

De esta manera, y aunque previamente Sonia había entregado otros tres proyectos en el plazo previsto, dejó de lado esa información y se juzgó y evaluó a sí misma basándose únicamente en el que se había quedado a medias. Tampoco había tenido en cuenta que surgió un problema laboral que tuvo que resolver y que le quitó horas de trabajo. Lo que tendría que saber Sonia es que las condiciones de su contexto también influyen y que, si algo sale mal, no significa que vaya a ser así siempre. Por tanto, sería más realista y razonable pensar: «Hoy no me ha salido bien esto, pero otras veces sí que lo he conseguido».

EJERCICIO

Identifica tres pensamientos inflexibles que suelas tener. Después, reflexiona sobre ellos contestando a estas **preguntas**:

- Realmente siempre pasa. ¿Siempre?
- Realmente todo es. ¿Todo?
- Realmente no hay nada. ¿Nada?
- Realmente nunca consigues. ¿Nunca?
- Entonces ¿no hay ni una sola vez en la que no haya sucedido lo contrario?

Estoy segura de que puedes encontrar experiencias o evidencias que rompan con esas afirmaciones tan absolutistas. No todo es blanco o negro. Si nos fijamos bien, nos daremos cuenta de que **la vida casi siempre tiene un matiz gris**. Y, aunque tendemos a categorizar las cosas en ambos extremos, ya que nos resulta mucho más fácil, **afirmar algo de manera**

generalizada basándonos en uno o algunos hechos **es totalmente injusto**.

2. **Diálogos que malinterpretan las percepciones.** Este diálogo puede que resuene contigo si crees que sabes lo que los demás piensan de ti (sin que te lo hayan exteriorizado), si piensas que sus conductas y actos han surgido a causa de algo negativo relacionado contigo (sin tener pruebas evidentes) o si te comparas con ellos (y tú siempre sales perdiendo). Pero la realidad es que todavía no tenemos la capacidad de leer el pensamiento, ni de adivinar las razones de los actos y de las conductas de los demás. Por tanto, tratar tus ideas o pensamientos como si fueran la verdad más absoluta sin tener ningún tipo de prueba, evidencia o conversación previa es un error.

David era un amigo que solía transmitirme las inquietudes que sentía en su trabajo. A menudo me compartía los pensamientos que más le angustiaban: «Seguro que los demás están pensando que no estoy preparado para trabajar aquí»; «Si mi jefe no me contesta al correo es porque estará enfadado conmigo»; «Algo habré hecho mal porque mi compañera hoy está menos habladora de lo normal».

Si ni siquiera David es consciente de las cualidades y habilidades que tiene y que lo han llevado a estar en su puesto, ¿cómo no va a pensar que los demás lo observan con los mismos «malos» ojos con los que él se mira a sí mismo? Al pensar así, no está valorando otras alternativas que también pueden explicar esos hechos; su jefe ha podido estar más ocupado de lo normal (y por eso todavía no le ha contestado al correo) y su compañera ha podido tener un problema personal (y por eso no habla tanto).

EJERCICIO

Identifica tres pensamientos que acostumbres a tener y que malinterpreten las percepciones de los demás o de ti misma. Después, reflexiona sobre ellos contestando a estas **preguntas:**

- ¿En qué te basas para pensar así?
- ¿Esas suposiciones surgen de evidencias reales (porque te lo han dicho o porque ha habido un conflicto previo) o surgen más bien de inseguridades, miedos o creencias negativas que tienes sobre ti misma?
- ¿Realmente son cosas que tú puedes controlar o que dependan de ti?
- ¿Qué le responderías a alguien que te contase, en confianza, este tipo de pensamientos?

Comparto contigo un dato importante que puede ayudarte a debatir este tipo de pensamientos. **Tu mente siempre intenta racionalizar todo**, en especial ante una situación que es nueva o ambigua: cuando alguien te contesta enfadado sin explicación o motivo, cuando parece que tu compañera te está ignorando o cuando, a diferencia de otras veces, no has recibido retroalimentación positiva al entregar una tarea. Por lo general, **cuando no tenemos una explicación clara, solemos atribuirnos la culpa** y responsabilizarnos de ello sin considerar otros factores.

Este mecanismo de defensa te ayuda a evitar posibles conflictos y a lidiar con situaciones estresantes. De esta manera, surgen esas explicaciones «tranquilizadoras» sobre las acciones, emociones o pensamientos de los demás, para que eso que te ha ocurrido se vuelva más tolerable. Y, como todas las personas necesitamos sentirnos seguras, creemos que, cuanto mayor sea la sensación de control que tenemos, mejor nos sentiremos.

Pero nada más alejado de la realidad, puesto que **intentar controlar lo incontrolable solo genera más malestar**.

Esto nos demuestra que, aunque nos pasemos tiempo reflexionando sobre lo que los demás estarán pensando de nosotras, en realidad lo hacen menos de lo que creemos y, por tanto, **acabamos sufriendo mucho más en nuestra imaginación**.

3. **Diálogos que potencian lo negativo.** Si tuviera que decidir cuál es el discurso negativo más recurrente de todos, sería este. Es aquel en el que anticipas, de manera exagerada o desproporcionada, las posibles consecuencias negativas de una situación actual o cercana en el tiempo. Aunque suelen desarrollarse de manera escalada y progresiva, en ocasiones pueden derivar en pensamientos totalmente catastróficos y aterrorizantes. Esto se conoce como «ansiedad anticipatoria» y suele comenzar con un «¿y si?». No obstante, a menudo no suele pasar lo que temes que suceda o, en caso de ocurrir, suele generar más malestar la experiencia previa con esos pensamientos que la consecuencia en sí (incluso esta suele ser mucho más leve de lo que imaginabas).

Recuerdo a Sandra, una paciente que se definía a sí misma como «la creadora de los mejores escenarios catastróficos». Era muy consciente de que los «¿y si?» estaban demasiado presentes en su diálogo interno cuando se preguntaba cosas como: «¿Y si al tomar esa decisión me equivoco?»; «¿Y si mi propuesta no es bien recibida?». Solía hacer una lista de todos los posibles escenarios catastróficos que podían surgir de sus decisiones, conversaciones u otras trivialidades de su vida cotidiana (que, la verdad, no estaban lejos de compararse con un proyecto de investigación).

Si te fijas bien en los «¿y si?» de Sandra, únicamente está contemplando las posibles consecuencias negativas de las situaciones que se plantea. No está teniendo en cuenta la otra posible cara de la moneda: «¿Y si al tomar esa decisión acierto?»; «¿Y si mi propuesta es bien recibida?». Si nos fijamos en las estadísticas y probabilidades, estas también pueden darse. No se trata de ir por la vida sin ningún tipo de protección, pero tampoco de llevar encima una lista de todas las posibles situaciones catastróficas que nos pueden pasar. Porque, entonces, estaríamos viviendo la vida bajo la sombra del miedo.

EJERCICIO

Identifica tres pensamientos que suelas tener y que potencien lo negativo. Después, reflexiona sobre ellos contestando a estas **preguntas**:

- ¿Qué hechos realistas confirman esos pensamientos?
- ¿Qué hechos realistas desmienten esos pensamientos?
- ¿Que te haya pasado antes significa que te va a pasar siempre?

- ¿Qué es lo que más temes que pueda llegar a ocurrir?
- ¿Qué es lo más probable que acabe sucediendo realmente?

Recuerda las últimas veces que estuviste preocupada por algo que finalmente no llegó a ocurrir o que, si sucedió, no fue tan catastrófico como te habías imaginado y conseguiste resolver la situación. Si este tipo de pensamientos son muy frecuentes y repetitivos en ti, es normal que te los acabes creyendo y que los veas como un pronóstico de lo que va a suceder. Sin embargo, realmente no es más que el resultado de mezclar las experiencias negativas pasadas con el miedo de que algo malo suceda en el presente y con la percepción negativa que tienes de ti misma gestionando ese tipo de situaciones.

4. **Diálogos que ignoran lo positivo.** Te sentirás identificada con este diálogo si tiendes a centrar toda tu atención en las cosas negativas, ignorando las positivas o restándoles importancia. Es como si pasaras un filtro de todo lo que te sucediera y solo sacaras lo negativo, mientras que lo positivo se mantiene en un segundo plano y no es tan «destacable». De esta manera, lo que estamos consiguiendo es entrenarnos para ver más lo negativo y, al mismo tiempo, estamos perdiendo o infravalorando experiencias, cualidades o logros que son positivos y enriquecedores para nosotras mismas.

Natalia era la definición en persona del conocido «síndrome de la impostora». Su falta de autoestima la hacía dudar constantemente de su potencial y habilidades en el trabajo, sentía mucho temor ante la idea de ser «descubierta como un fraude» y, como consecuencia, tendía a enfocarse solo en lo negativo y los fallos, mientras que minimizaba o invalidaba sus logros. «Cualquiera puede hacer eso»; «No es para tanto, ha sido cuestión de suerte»; «Aunque mí supervisor me ha felicitado por el trabajo, ha encontrado fallos» eran ejemplos de frases que estaban muy presentes en su diálogo interno.

Otra de las cosas que hemos aprendido erróneamente de la sociedad es que hablar bien de una misma es sinónimo de ser egocéntrica o narcisista. Y si, además de eso, recordamos que nuestra mente tiende a ver lo negativo de las cosas, tendremos como resultado diálogos internos como el de Natalia. Sin embargo, si no valoramos lo que conseguimos o lo bueno que nos pasa, ¿qué sentido tendría todo? Algunos pensamientos más compasivos y realistas serían: «Esto lo he conseguido con mi esfuerzo y trabajo»; «Tengo derecho a valorar mis resultados».

EJERCICIO

Identifica tres pensamientos que suelas tener y que ignoren lo positivo. Después, reflexiona sobre ellos contestando a estas **preguntas**:

- ¿Le darías este tipo de contestaciones a un ser querido si te comentara ilusionado lo que ha conseguido o las cualidades que percibe de sí mismo?
- Si estás completamente segura de que la respuesta es «no», entonces ¿por qué tú misma te mereces un trato injusto e invalidante cuando ni siquiera eres capaz de decírselo a un ser querido?
- Si esa persona se hablara de manera crítica o despectiva, ¿qué le dirías?

Seguro que conoces este famoso dicho: «No trates a los demás como no te gustaría que te trataran». En este caso también te pediría que te grabaras a fuego lo siguiente: «No te trates a ti misma como no te gustaría tratar a los demás». Y, por si necesitas que alguien te lo recuerde, quiero que sepas que tus logros no son fruto del azar o de la suerte, sino de tu esfuerzo y tu trabajo; de la misma manera que, por cometer errores, no vas a dejar de ser una persona válida con las cualidades que te representan y que tienes (por mucho que te cueste verlas).

5. **Diálogos exigentes y críticos.** Si eres muy dura y estricta contigo misma y te impones reglas rígidas y exigentes sobre cómo deberías ser o qué deberías hacer, o si tiendes a nombrarte o a etiquetarte de manera negativa, puede que te reconozcas en este tipo de diálogo. Los pensamientos que surgen son un golpe directo a tu autoestima, pues sus efectos son terriblemente castigadores y desmoralizadores. Suelen tener su origen en tu infancia o en algunos momentos de tu vida en los que recibiste este tipo de palabras por parte de otras personas. Y aquello que te dijeron de manera repetitiva o que tuvo un impacto significativo en ti es el «alimento» de tu crítica interna.

En ocasiones yo misma noto que este tipo de diálogo interno se activa cuando trabajo y surgen pensamientos como los siguientes: «Debería estar más atenta en lo que hago para no cometer errores»; «No debería haber descansado durante tanto tiempo»; «Tendría que haber hecho ya mis tareas».

Cuando me digo estas cosas, estoy siendo totalmente injusta conmigo misma, porque lo estoy analizando en un presente en el que sé las consecuencias que han tenido mis acciones del pasado. Por tanto, lo que más me va a ayudar es reflexionar sobre lo que ha pasado, aprender de ello y gestionar la situación diciéndome lo mismo que le diría a alguien a quien aprecio: «Todos podemos cometer errores»; «Si descansaste durante tanto tiempo será porque de verdad lo necesitabas»; «No siempre podemos llegar a todo lo que nos proponemos».

EJERCICIO

Identifica tres pensamientos exigentes y críticos que suelas tener. Después, reflexiona sobre ellos contestando a estas **preguntas:**

- ¿Te estás hablando desde una posición muy exigente o perfeccionista?
- ¿Para qué te sirve pensar o hablarte de esa manera?
- ¿Te beneficia o te perjudica? ¿Qué pros y qué contras tiene?
- Si te dices esas cosas para evitar repetirlas o para mejorar, ¿crees que realmente te van a ayudar a resolver aquello que ha generado esos pensamientos?

Algo clave que tienes que entender es que, cuando tomas las decisiones, no puedes saber los resultados que obtendrás porque, si lo supieras, está claro que no elegirías las opciones que para ti son «incorrectas». Te propongo algo: intenta reemplazar los imperativos del tipo «debería», «no debería», «tendría que» o «no tendría que» por expresiones más flexibles como «me gustaría», «desearía» o «preferiría». Estos cambios, por nimios que parezcan, generan menos angustia y autocrítica y más comprensión, validación y aprendizaje.

Ya sabes identificar y debatir esos pensamientos, pero, como hace tiempo que lidias con ellos, tu mente dice que no podrás conseguirlo. ¿Qué haces? Es normal que la dificultad del cambio te abrume. Sin embargo, es ese miedo lo que impide que lo lleves a cabo.

Si, por ejemplo, quisieras aprender a tocar la guitarra, es posible que al principio pensases que es una tarea demasiado complicada (especialmente si otras personas te han dicho que requiere de mucho tiempo y práctica). Esta percepción de la dificultad puede generarte miedo al fracaso y, como resultado, optar por no intentarlo en absoluto. También te puede ocurrir que, aunque lo intentes algunas veces, si no logras tocar una canción en los primeros intentos, te desanimes y abandones la tarea (sobre todo si las expectativas que tenías no se han cumplido). No obstante, si fueras más paciente contigo y te dieras más tiempo, comprobarías que los errores se convierten en aprendizajes, verías más mejorías y tendrías más confianza y seguridad en tus habilidades y en ti misma en general.

En resumen, el miedo y la dificultad percibida pueden actuar como barreras significativas que te impiden realizar tareas que al principio percibes como inalcanzables. Y, aunque es normal sentirse abrumada ante este tipo de situaciones, el problema viene cuando damos por hecho que no podemos conseguirlo e interiorizamos esa percepción de inutilidad e incapacidad que nos condiciona diariamente. En psicología, a esto le llamamos **«indefensión aprendida»**. Esto se representa muy bien en el cuento *El elefante encadenado*, de Jorge Bucay, que te resumo a continuación.

Este cuento nos narra la historia de un niño al que le gustaba ir con su familia al circo. Durante el espectáculo del elefante, este mostraba su fuerza y tamaño con todo su esplendor. Sin embargo, cuando el niño fue con su familia a ver al elefante después de la función, le sorprendió comprobar que tenía una cadena que aprisionaba una de sus patas a una pequeña estaca clavada en el suelo. Esa estaca era solo un minúsculo pedazo de madera que apenas estaba enterrado unos centímetros en la tierra, por lo que al niño le parecía obvio que ese animal, capaz de arrancar un árbol de cuajo, podría tirar de la estaca con facilidad y huir. Así que, movido por la curiosidad y la incomprensión, le preguntó a su familia: «¿Por qué el elefante no intenta huir? Con su fuerza sería capaz de tirar y marcharse». A lo que le contestaron: «No lo intenta porque ha estado atado a una estaca muy parecida desde que era muy muy pequeño. Seguramente intentase escapar al principio, pero, por mucho que empujase y tirase, solo conseguía cansarse y dormirse completamente agotado. Por ese motivo, llegó un día en el que **aceptó su impotencia** y **se resignó a su destino**. Así que este elefante enorme y poderoso que estamos viendo ahora mismo no escapa porque el pobre cree que no puede…

… y lo peor es que jamás ha intentado probar su fuerza de nuevo».

¿Cuáles son, en tu opinión, las situaciones o pensamientos que representan la estaca que te impide moverte?

Recuerda: a veces, la dificultad de hacer algo no está en su complejidad. Está en la novedad de la situación y en el hecho de salir de tu «zona de confort».

EJERCICIO

Escribe en un cuaderno el siguiente **registro para apuntar y debatir tus pensamientos negativos** diariamente. Al principio puede resultar complicado, pero, si lo incorporas como parte de tu rutina y le dedicas unos minutos al día, te aseguro que con el tiempo te costará menos y observarás los resultados.

HECHO	CREENCIA	EFECTO	DEBATE	ALTERNATIVA
¿Qué sucedió?	**¿Qué pensaste?**	**¿Cómo te sentiste?**	**¿Son pensamientos ciertos? ¿Hay pruebas? ¿Algo los contradice?**	**¿Cómo interpretar lo sucedido de forma racional y realista?**
«Estoy haciendo un proyecto que me han encargado».	«Les va a parecer mal». «No lo aceptarán». «Es un desastre».	Insuficiencia Tristeza Frustración Miedo Ansiedad	«Esto no me ayuda con mi objetivo. Tampoco tengo evidencias de que vaya a ser así y, aunque lo fuera, siempre puedo aprender de los errores para tenerlos en cuenta la próxima vez».	«Es normal sentir miedo o nervios por lo que voy a hacer. Pero que sienta eso no significa que vaya a pasar algo malo, sino que es algo importante para mí y por eso quiero que me salga bien».

Crear interpretaciones alternativas puede ser al principio difícil y agotador, pero prueba a verlo de la siguiente manera. Imagina que siempre has entrenado el brazo izquierdo, por lo que puedes coger peso sin apenas hacer esfuerzo. Por el contrario, al no haber entrenado el brazo derecho, te resulta complicado y debes esforzarte más que con el izquierdo. Por ese motivo, decides empezar a entrenar también el brazo derecho. Aunque al principio llegas más agotada a casa, te vas dando cuenta de que, con el tiempo, cada vez te cuesta menos y no tienes que dedicarle tanto esfuerzo ni atención. Pues bien, sucede lo mismo con los pensamientos racionales y realistas.

No obstante, si haciendo este ejercicio encuentras dificultades a la hora de debatir los pensamientos que has anotado, porque tu exigencia no te lo permite o porque las creencias sobre qué deberías hacer o cómo deberías ser son muy rígidas, es probable que esté mediando **algún mecanismo defensor en el proceso**. Y, si no tienes ni idea de lo que te estoy diciendo, no te preocupes, vamos a verlo a continuación.

Los mecanismos defensores más limitadores: el perfeccionismo y la complacencia

¿Qué harías si vieras que alguien que es muy importante para ti está llorando o pasando por un mal momento? ¿Qué harías si otra persona le estuviera hablando de muy malas maneras? Estoy segura de que intentarías ayudarlo y protegerlo. Pues bien, así también actúa nuestra mente con nosotras: **nos protege a través de los mecanismos de defensa**.

Freud fue el primero en acuñar este término para referirse a las formaciones defensivas que nos ayudan a gestionar las situaciones dolorosas e insoportables que vivimos. Es decir, son estrategias inconscientes y automáticas que tu mente activa en algún momento de tu vida para ayudarte a **reducir la angustia o el impacto emocional de una experiencia desagradable** o intolerable. Sin embargo, y aunque se crearon en el pasado para que afrontaras una situación determinada en un momento puntual, se han mantenido en el tiempo por los beneficios o resultados que te han dado.

Cuando hablamos de experiencias desagradables o intolerables, no tienen por qué ser necesariamente físicas o excesivamente traumáticas (agresiones, accidentes de tráfico, fallecimientos repentinos, etc.). De hecho, por lo general, estas «amenazas» suelen ser psicológicas y surgen de la exposición repetida en el tiempo a situaciones que dañan nuestra autoestima, seguridad y capacidad de afrontamiento (como, por ejemplo, las burlas, las críticas, las experiencias de abandono, el sentimiento de soledad, etc.).

Es innegable que todas las personas vivimos enfrentándonos a una gran variedad de dificultades que pueden afectar a nuestra salud mental. No siempre es fácil afrontar la realidad, y por eso justamente existen estos mecanismos de defensa. **Necesitamos de algo que nos proteja de las dificultades** que pueden dañarnos.

Todas las personas tenemos mecanismos de defensa: tú, yo, tu padre, tu madre, tu mejor amiga, tu vecina. Todos. Forman parte de nuestro día a día. Sin embargo, aunque a veces nos cuidan, también pueden complicarnos la vida. ¿Cómo es esto posible? ¿Cómo iba a ser malo algo que nos protege y nos cuida? Porque, cuando surgen de manera frecuente o durante mucho tiempo, no te protegen, sino que te limitan. Observa el siguiente ejemplo.

Como los progenitores de Claudia estaban la mayor parte del día trabajando, pasó gran parte de su infancia y adolescencia con una cuidadora. A pesar de que había otra persona con ella, Claudia empezó a sentirse sola, porque notaba la ausencia de esas figuras tan importantes. Además, cuando estos llegaban a casa, estaban tan cansados que apenas pasaban tiempo con ella. Y a Claudia le dolía mucho ver que, cuando les contaba cómo había sido su día o les mostraba lo que había hecho en clase, ellos no correspondían a sus emociones y comentarios de la misma manera que a ella le hubiera gustado. Ahí fue cuando su mecanismo de defensa se activó.

> ¡Hola Claudia! Soy tu mecanismo de defensa. Vengo a protegerte porque esta situación es muy dolorosa para ti y no sabes cómo gestionarla. Vamos a trabajar en ser más independiente, en expresar menos tus emociones y pensamientos, y en confiar menos en los demás. **Así, evitarás exponerte a ese tipo de situaciones o, al menos, no serán tan dolorosas.**

Aunque este mecanismo de defensa de Claudia se creó para que ella fuera capaz de lidiar con las situaciones que estaba viviendo y que le generaban tanto malestar, sin darse cuenta lo ha estado manteniendo durante tanto tiempo que se ha integrado en su forma de ser. Como resultado, Claudia tiene actualmente muchos problemas de confianza (incluso con su propia pareja) y siente dificultades a la hora de conocer a nuevas personas o de socializar en general. También tiene muchos pensamientos negativos que giran en torno a los demás: «¿Y si le digo esto de mí y lo utiliza en mi contra?»; «Cuanto menos sepa de mí, mejor; así me dolerá menos si se va».

EL «ESCUDO» EN EL PASADO	EL «ESCUDO» EN EL PRESENTE
Surge de: • Percepciones de estar sola, de que lo que dice no es importante y de no ser vista.	**COSTE 1 - Consigo misma:** • Desconfianza • Inseguridad • Miedos • Ansiedad • Pensamientos negativos sobre los demás • Represión de las emociones
Protege de: • Sentimientos de soledad, rechazo y abandono.	**COSTE 2 - Con los demás:** • Problemas en la socialización y en las relaciones interpersonales. • Pérdida de oportunidades de crear otras nuevas o distanciamiento de las que tiene.

Tras ver este ejemplo, parece obvio que el mecanismo de defensa de Claudia no la está protegiendo, sino que la está limitando, así que ¿por qué lo sigue manteniendo si está claro que tiene un coste para ella? ¿Por qué no se «desactivó» cuando hizo su función en el pasado? Se debe, principalmente, a dos razones:

1. **Cuando algo nos da resultados o nos ha funcionado anteriormente, tendemos a repetirlo una y otra vez.** Como ese mecanismo de defensa de Claudia dio sus frutos en el pasado, se ha mantenido en el tiempo, a pesar de que esa protección sea la misma que ahora la está perjudicando.
2. **Dichos mecanismos son automáticos e inconscientes.** Por tanto, no resultan tan obvios o fáciles de ver. Además, cuanto mayor sea la huella que haya dejado una experiencia traumática, más se habrán integrado en nuestra conducta.

Si antes de leer estas páginas no sabías lo que era un mecanismo de defensa o lo que implica, es probable que todavía no hayas descubierto cuáles son los tuyos, que no sepas en qué momento surgieron y por qué, y que desconozcas las implicaciones que pueden estar causándote. Por eso es tan importante identificarlos, porque, **antes de cambiar algo, primero debemos ser conscientes de ello**.

Para ayudarte en el proceso, te dejo **una lista de preguntas** que pueden ayudarte a reflexionar sobre tus mecanismos de defensa:

PREGUNTAS

- **Cuando te pasa algo que te desestabiliza o te genera malestar, ¿cómo sueles actuar?** ¿De manera impulsiva? ¿Tiendes a suprimirlo y a ignorarlo mientras te distraes con otras cosas? ¿Recurres a otra persona porque te ves incapaz de gestionar esa situación tú sola?
- **Cuando tienes algo importante que hacer, ¿cómo sueles proceder?** ¿Lo haces al momento para acabar cuanto antes? ¿Pasas mucho tiempo haciéndolo porque tiene que estar lo más perfecto posible? ¿Lo postergas y lo dejas para el último momento?
- **Cuando piensas en tus relaciones y en las interacciones sociales, ¿cómo sueles actuar en esas situaciones?** ¿Te vuelcas completamente en los demás? ¿La idea de socializar y quedar con alguien te abruma? Aunque socialices, ¿te cuesta mucho abrirte con los demás y permitir que te conozcan mejor?
- **Cuando te sientes herida por alguien, ¿cómo sueles reaccionar?** ¿Expresas abiertamente tu enfado con esa persona? ¿Te bloqueas al momento y dejas de hablar? ¿Ignoras esas situaciones porque te da miedo la confrontación y la posible reacción de la otra persona?

Espero que estas preguntas te ayuden a hacerte una idea de la manera en la que sueles gestionar las situaciones planteadas. Esto puede decir bastante sobre los mecanismos de defensa que puede haber detrás.

Aunque existe una gran variedad de mecanismos de defensa, desarrollaremos a continuación el perfeccionismo y la complacencia, ya que suelen ser los más recurrentes y **los que más huella dejan en nuestra autoestima, diálogo interno y trabajo**.

EL PERFECCIONISMO

Cuando hablamos de perfeccionismo, nos referimos a esa tendencia que nos lleva a querer hacerlo todo perfecto, a llegar a todo, a poner muchas metas o metas poco realistas, a temer el momento de fallar o de cometer un error, a ser sumamente organizada, a hablar con nosotras mismas de manera crítica y destructiva, etc. En definitiva, es **la creencia de que se puede, y se debe, alcanzar la perfección**.

Pero ¿cómo no vamos a pensar eso cuando el mundo pone continuamente el foco en mejorar lo que somos y en dar lo máximo que podemos? Como hemos visto, nos pasamos gran parte de nuestra vida aprendiendo y esforzándonos, recibiendo elogios cuando sacamos buenas notas y críticas cuando no. Cuando finalmente llega el momento para el que nos hemos estado preparando durante tanto tiempo y empezamos a trabajar, nos damos cuenta de que todavía no podemos bajarnos de ese «carro», que no conseguimos relajarnos, porque tenemos que seguir demostrando que merecemos el puesto en el que estamos. **Hay muchos momentos de tu vida que pudieron ser «aprovechados» para que sacaras «tu mejor versión»:** actividades extraescolares, refuerzos educativos, deportes en los que había que destacar, cursos o especializaciones constantes, libros que leer, etc.

¿Y qué hay de malo en eso? A todos nos interesa aprender y mejorar en los diferentes aspectos de nuestra vida, ¿cierto? Pues bien, esto dependerá de la frecuencia, la intensidad y las consecuencias de dicha conducta. Si te marcas objetivos realistas y motivadores, aceptas que puedes cometer errores (aunque no sean de tu agrado), organizas y planificas tus tareas (siendo flexible y adaptándote a los imprevistos), sacas tiempo para los demás ámbitos de tu vida y sientes que esta autoexigencia refuerza tu autoestima y recalca tus cualidades y tus logros, no hay nada de malo, en efecto.

No obstante, tu perfeccionismo **podría pasar a ser desadaptativo cuando el coste de esa conducta es tu propio bienestar** y tu salud mental. Algunas de las señales que pueden indicarte que tu perfeccionismo no está siendo funcional son las siguientes:

- **Postergas tareas o tardas mucho tiempo en hacerlas.** Esto se debe a lo difícil que resulta alcanzar estándares tan altos que te has impuesto en cuanto a la manera de hacer las cosas y a las metas tan exigentes que quieres conseguir. También puede ocurrir que te cueste introducir el término «flexibilidad» en tu agenda, ese objeto tan preciado para ti donde tienes bien organizadas y planificadas todas las tareas de tu semana. Y basta con que surja un imprevisto que no habías contemplado para que se descuadre todo y la ansiedad se active.

Esto es lo que le pasaba a Marcos, uno de los pacientes más perfeccionistas que he tenido el placer de acompañar en terapia. Era tan sumamente organizado que tenía toda su agenda planificada por horas y tareas, desde que se levantaba hasta que se acostaba. Y cuando digo esto, no estoy exagerando. Tenía escritas cosas como: «06.30 levantarse, 06.40 ducharse, 06.50 desayunar, 07.15 vestirse, 07.30 salir de casa, 07.50 llegar al trabajo». Recuerdo que, mientras Marcos me leía esto con total tranquilidad, notaba cómo mi propia ansiedad se iba disparando. Marcos vivía esclavizado por su propia mente, pero él no era consciente. Esa organización y ese control tan excesivo le generaban seguridad. No obstante, dicha seguridad era falsa y pendía de un hilo, ya que cuando sucedía algo que descuadraba su mimada planificación surgía un gran malestar.

- **Colapsas emocionalmente y te sientes abrumada cuando no alcanzas tus objetivos o cometes errores.** Si piensas que cometer un error es sinónimo de haber fracasado como persona, esa es una clara señal de que el perfeccionismo te está pasando factura. Sin embargo, es inevitable que acabes cometiendo errores y no siempre llegues a todo lo que te habías propuesto. Lo que sí puedes hacer es reflexionar sobre lo que ha pasado y sacar un aprendizaje de ello.

- **Te cuesta descansar o hacer otras cosas que no sean productivas.** Como tu vida gira en torno a la productividad, es probable que percibas el descanso como una pérdida de tiempo. Tus aficiones y ocio se convierten, por ello, en áreas en las que también tienes que destacar. La primera opción te puede llevar a prescindir de esos momentos o a «aprovecharlos» para organizar mentalmente tu lista de tareas pendientes y lo que vas a hacer a continuación. Por tanto, te resulta muy difícil relajarte. La segunda opción te puede llevar a percibir las actividades como un reto más en el que tienes que demostrar tu «validez» y tus habilidades. Esto último plantea un gran problema: los pasatiempos se convierten en una obsesión.
- **Pierdes el disfrute en lo que haces.** «Cuanto más haga y más perfecto esté, mejor». Si te identificas con esta frase, tienes que saber que este «mantra» hace que te enfoques únicamente en los resultados. Así, no solo dejas de disfrutar lo que haces y su proceso, sino que no valoras lo que logras y, cuando terminas algo, ya estás poniéndote manos a la obra con la siguiente tarea.
- **La frustración, la tristeza y la ansiedad son tus compañeras constantes.** ¿Cómo no vas a sentirte frustrada por no alcanzar los estándares tan altos que te pones? ¿Cómo no vas a estar triste si piensas que no eres suficiente y válida? ¿Cómo no vas a sentir ansiedad si vives en un estrés constante, te machacas por cometer errores y no te permites descansar y disfrutar? Todas estas emociones te transmiten un mensaje y, por mucho que las ignores, seguirán ahí, recordándote que tienes que cuidarte porque ven que tú misma no lo haces.
- **Tu autoestima y tu diálogo interno giran en torno a cuánto haces y cómo de bien está hecho.** Quiero que recuerdes un día en el que fuiste muy productiva. Seguramente te sentiste genial contigo misma. Ahora quiero que pienses un día en el que no conseguiste terminar las tareas a tiempo. Seguro que ese día tu diálogo interno te hizo sentir que eras la persona más inepta del mundo. Como puedes ver, la manera en la que

te ves y te valoras depende completamente de tu perfeccionismo. Y, aunque los perfeccionistas parecen ser las personas más seguras a ojos de los demás, lo que verdaderamente se esconde detrás es una persona con una autoestima muy baja y un diálogo interno demasiado exigente.

- **Tienes más probabilidades de sufrir *burnout* en tu trabajo.** Como resultado de todo lo mencionado, y teniendo en cuenta que el ámbito laboral es el escenario donde el perfeccionismo suele hacer acto de presencia, puedes ser más propensa a alcanzar el agotamiento.

En este punto de la lectura, estoy segura de que te habrás hecho una idea de cómo puede estar interfiriendo el perfeccionismo en tu vida y quieres saber cómo puedes reducirlo. Es necesario mencionar primero **cómo ha surgido y de qué te quiere proteger**.

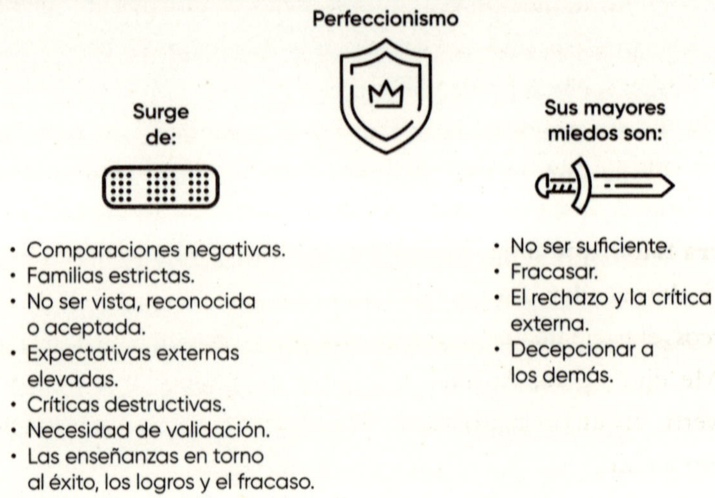

Estas son algunas de las situaciones que explican cómo ha podido surgir tu perfeccionismo. No obstante, si crees que los ejemplos que he expuesto no recogen la complejidad de lo que has vivido o no contemplan otras situaciones, quiero que sepas que eso no significa que tus vivencias no sean válidas, porque lo son. Simplemente he recogido aquellas que, bajo mi experiencia y formación, suelen ser las más recurrentes.

Asimismo, nos queda hablar de algo muy importante: **la función que está cumpliendo el perfeccionismo**. Quizá te preguntes qué función puede tener algo que te genera tanto sufrimiento y te habla desde la autoexigencia y el autosabotaje. Pues bien, sí que la tiene. Recuerda que en algún momento se activó para protegerte, aunque hoy se haya vuelto disfuncional. Pero eso no significa que para tu subconsciente no tenga sentido. De hecho, **si pudiera hablar, diría**:

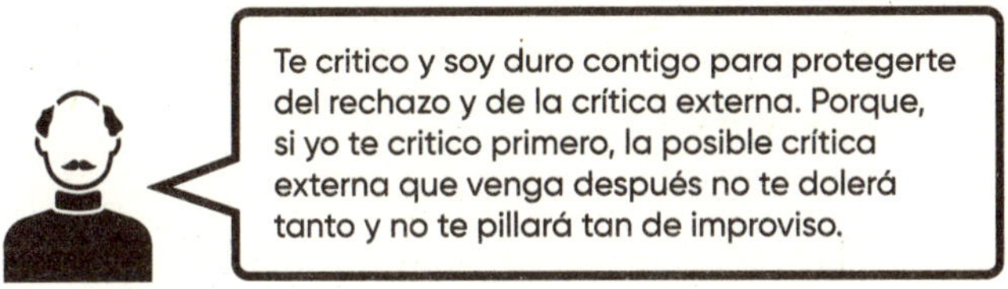

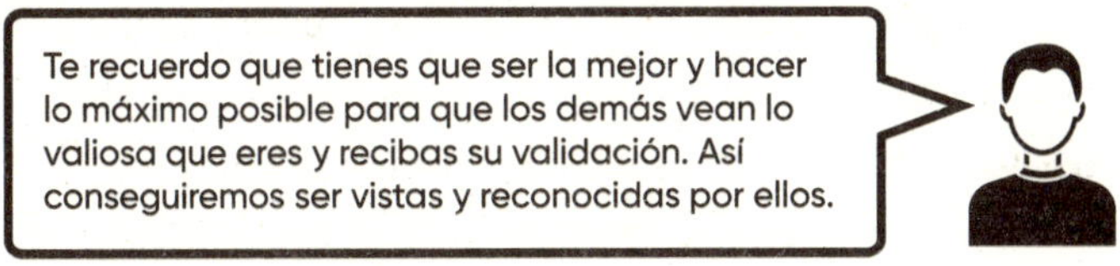

Ahora que has visto las consecuencias, el origen y la función de tu conducta perfeccionista, es el momento de plantearse un cambio. Y, si solo con la palabra «cambio» te has puesto tensa o has sentido miedo, sé consciente de que es completamente normal. **A tu perfeccionismo le aterra tener que bajar las revoluciones, porque piensa que sin él vas a descarrilar.** Este miedo también me lo expresó en su momento Marcos, el paciente perfeccionista que te he mencionado anteriormente. Me dijo: «Pero, Ángela, si reduzco mi perfeccionismo, me voy a convertir en una persona vaga y sin ningún tipo de motivación, y no quiero ser así».

En el proceso de reducir tus niveles de perfeccionismo, debes tener en cuenta que:

- **Reducir tu perfeccionismo no significa llegar al extremo opuesto** («Ser una vaga, una irresponsable o caer en la desmotivación»). Únicamente estás contemplando dos posibilidades: la perfección y la irresponsabilidad. Entre ambos extremos, en cambio, existen muchos puntos intermedios que te van a permitir tener un buen rendimiento sin que el precio a pagar sea tu bienestar.

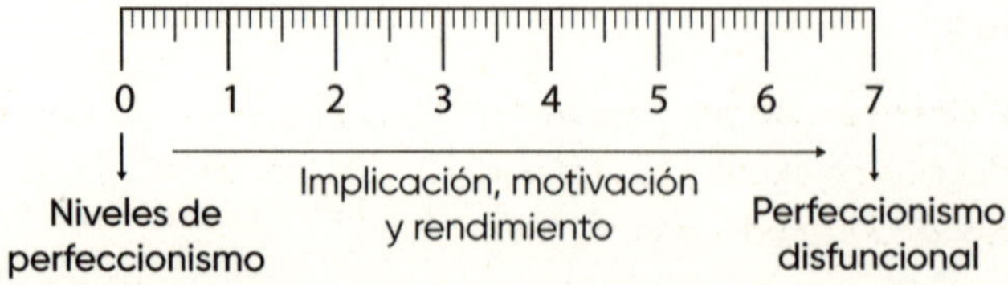

- **Reducir tu perfeccionismo no implica que tu rendimiento disminuya.** Imagínate que estás delante de tu ordenador realizando un proyecto laboral muy importante. Detrás de ti tienes a dos personas que están observando, en todo momento, lo que haces. La del lado izquierdo te está diciendo lo siguiente: «¿Eso es lo mejor que puedes conseguir? ¿En serio? ¿No ves que es un desastre y que se van a reír de ti? ¡Menuda decepción eres!». Mientras que la del lado derecho te está expresando esto: «Lo estás haciendo lo mejor que puedes y eso es suficiente. Confío en ti y no dudo de que eres capaz de hacerlo, pero no te exijas demasiado, ¿vale? También tienes que cuidar de ti». En tu opinión, ¿bajo qué voz crees que rendirías mejor y, por tanto, te sería más fácil terminar el supuesto proyecto? Ambas representan tu diálogo interno, pero el perfeccionismo logra que la voz de la persona de la izquierda chille más alto que la otra y sea, a sus ojos, la más certera. Sin embargo, trabajar sin tanta exigencia y sin la presión de estándares tan altos es lo que de verdad va a mejorar y potenciar tu rendimiento.
- **Reducir tu perfeccionismo no hará que te quieran o te valoren menos.** Que hayas aprendido a quererte y valorarte en función de cuán perfecta eres, de lo que haces o de tu trabajo no significa que los demás también lo hagan por esas mismas razones. Plantéate esta pregunta: ¿tú quieres a las personas de tu círculo por cuán trabajadoras sean, cuánto hagan y lo bien que lo hagan? ¿O las quieres por quiénes son y por cómo son contigo?

Aplica la regla del 70 %

Cuando termines una tarea, pregúntate ¿esto está «perfecto» al 70 %?:

- **Si dices «sí», da por finalizada la tarea.** Recuerda siempre que la perfección no existe, y lo que para ti puede ser un 100 % para otra persona tal vez no lo sea.
- **Si dices «no», revisa la tarea.** Pregúntate lo que necesitarías añadir, quitar o cambiar para llegar a ese 70 %, pero también recuerda no perder el norte en esa búsqueda de la mejoría.

Posdata: a veces puedes encontrarte ante situaciones que no dependen enteramente de ti y ni siquiera puedes dar ese 70% (como hacer un trabajo con otras personas o lidiar con un imprevisto que consume gran parte de tu tiempo y energía). Pero no pasa nada: cuando un día estás al 40% y lo das, también estás dando tu máximo.

EJERCICIO

Reflexiona e identifica tus conductas perfeccionistas. En un papel, completa la primera columna de la tabla con un listado de esas conductas. Después, añade los beneficios y costes que te pueden estar generando: enuméralos en función del impacto que tengan en ti. Por último, redacta una propuesta para reducir esa conducta. Deja volar tu imaginación y piensa qué es lo que más te ayudaría.

Conducta perfeccionista	Beneficios (del 0 al 10)	Costes (del 0 al 10)	Propuesta para reducirla
Revisar muchas veces todo lo que hago en el trabajo.	Que esté lo más perfecto posible (8) y evitar cometer fallos (9).	Aparece la ansiedad (7), pierdo mucho tiempo (10) y mi diálogo es exigente (8).	Aplicar la regla del 70 %, aprender de los fallos y confiar más en mí.

Se puede vivir mejor cuando reduces tu perfeccionismo (sin que eso conlleve perder las riendas de tu vida). Te lo dice una persona que fue sumamente perfeccionista en el pasado. Cuando me di cuenta del impacto que estaba teniendo en mi vida y me puse a reducir los niveles, me sentí completamente desorientada. Pensaba que estaba perdiendo el control, lo que me dio mucho miedo. Sin embargo, con el tiempo entendí que ese malestar que sobrevino después solo me demostraba lo importante que era que siguiera por ese camino. Indicaba cuánto había dejado que ese perfeccionismo hiciera mella en mí y dirigiese mi vida.

Por ello, debes tener en cuenta que el proceso de **reducir tu perfeccionismo puede que venga de la mano de un malestar peor**. Pero, si eres constante y te mantienes en ese camino, acabará disminuyendo hasta que solo sea una sombra de lo que era antes. Es como si llevaras a cuestas una mochila. Estás tan acostumbrada a cargar con un peso en concreto que, si te quitasen parte de este, lo notarías al momento. Y, aunque al principio te abrumarías y te costaría gestionar esa diferencia, estoy segura de que al final te acabarías acostumbrando a ese nuevo peso.

LA COMPLACENCIA

¿Tiendes a priorizar las necesidades de los demás por encima de las tuyas? ¿Te cuesta decir «no» por la posible reacción de la otra persona? ¿El miedo a lo que piensen de ti condiciona gran parte de tu conducta y acciones en tu vida cotidiana? ¿Te desvives por las personas de tu entorno, aunque eso signifique sacrificar tu propio bienestar? ¿Cumplir con las expectativas de los demás te ayuda a valorarte y a sentirte aceptada?

Si la mayoría de las respuestas que has contestado han sido «sí», seguramente te guíe el instinto de complacer a los demás. Cuando hablamos de complacencia, nos referimos al **acto de satisfacer las expectativas, necesidades y deseos de los demás a expensas de las propias**. Es la sensación de tener que mostrar un diez de diez en tus relaciones todo el tiempo.

Desde muy pequeñas aprendemos que la complacencia es una cualidad bien recibida y halagada. Puede que fuera un **aprendizaje directo** porque recibiste este tipo de mensajes: «Tienes que ser buena con los demás»; «Si no les ayudas, no te van a querer»; «Tienes que agradarles para que no piensen mal de ti». O puede que fuera un **aprendizaje indirecto** por determinadas situaciones de tu pasado, como haber tenido que «ganarte» el amor, la aceptación y la atención de tus familiares, haber vivido experiencias o amenazas de abandono o rechazo, haber asumido tareas que no te correspondían a tu edad (como encargarte de tu madre porque estaba triste o cuidar de tu hermano pequeño), haber sido la mediadora de los conflictos que surgían entre tus familiares o la posterior fuente de desahogo de estos, etc. Independientemente de cómo surgiera, lo que está claro es que esas **situaciones te llevaron a poner el foco en el exterior** (en los demás) **y no tanto en el interior** (en ti).

No obstante, no quiero que confundas mi mensaje y pienses que lo que te estoy diciendo es que ser una buena persona es algo malo porque ni es mi intención ni es cierto. Que te importen los sentimientos de los demás, que te interesen sus necesidades y que te preocupen sus problemas son, indudablemente, cualidades positivas. Pero una cosa es ser buena persona y otra muy distinta **descuidar por completo tu autoestima o tus necesidades en favor de los demás**. Esto puede tener consecuencias muy dañinas para ti:

- **Te valoras en función de lo que haces por los demás y de lo que ellos dicen o piensan de ti.** Cuanto más te desvives por los demás, más útil te sientes; y, cuanto más te refuerzan ellos esas conductas y recibes comentarios positivos, más valor te das. Aunque nadie se escapa de esta realidad, el problema se da cuando recurres únicamente a esa fuente para reforzar tu autoestima. De esta manera, la autoestima (que en el fondo es baja) estará condicionada por factores externos que se escapan de tu control.
- **Puedes no saber cuál es tu verdadera identidad.** Es probable que te definas en función de cómo eres con los demás y

de lo que estos han dicho de ti. Aunque no hay nada de malo en eso, si no sabes qué más cualidades te caracterizan, tu verdadera identidad queda oculta. Si, por ejemplo, te cuesta definirte más allá de decir que se te da bien escuchar a los demás y eres buena amiga, o si solo usas las palabras con las que te definen otras personas, plantéate: ¿qué más puedes decir que hable explícitamente de ti o de tu persona?

- **«Lo siento» y «perdón» son tus segundos nombres.** Cuando te disculpas en exceso o por asuntos que no dependen de ti, está hablando tu miedo a las confrontaciones y situaciones incómodas y tu necesidad de ser aprobada por los demás. Es como si fueras el amortiguador emocional entre el mundo y el resto.

Cuando Teresa acudió a terapia, lo primero que me llamó la atención de ella fue la cantidad de veces que utilizó la palabra «perdón» en tan solo los primeros quince minutos de la sesión. Ella misma me comentó que ese era uno de los motivos de consulta que quería tratar, porque hasta en su trabajo la habían apodado «Mrs. Sorry». Uno de los temas que trabajamos en terapia fue aprender a identificar esas disculpas injustificadas que surgían en su vida cotidiana. Una vez que lo consiguió, nos planteamos nuevas alternativas que no la hicieran sentirse tan pequeña. Para ello, le propuse sustituir los «perdón» por los «gracias». Y así, cuando entraba en el abarrotado ascensor de su oficina, pasó de decir «perdón, siento molestarte» a decir «gracias por hacerme sitio», del mismo modo que «perdón por hablarte» pasó a ser «gracias por escucharme».

- **Con frecuencia te sientes agotada emocionalmente.** Un estudio realizado por Leikas, investigadora especializada en el ámbito de la psicología, ha demostrado que, aunque el proceso de socializar pueda ser sumamente gratificante en el momento, el esfuerzo que implica centrar nuestra atención en los demás puede derivar horas más tarde en una gran fatiga mental. Si tenemos en cuenta que tu complacencia te lleva a estar constantemente analizando las necesidades, emociones y deseos de los otros para poder responder acorde a ello, esto puede explicar que acabes tan agotada emocionalmente.

- **Te cuesta dedicarte tiempo de descanso, disfrute o cuidado.** Como estás tan acostumbrada a dar tanto por los demás, te has olvidado de hacer lo mismo contigo misma. Pero también puede pasarte que, aunque te dediques esos espacios, luego te sientas tremendamente culpable o egoísta por haberlo hecho.
- **Mientras que asumes la responsabilidad de todo, la vida se te escapa de las manos.** Si vas por la vida haciendo lo que todos quieren que hagas, un día te despertarás y te darás cuenta de que han pasado los años y no has hecho lo que de verdad querías hacer. Estoy segura de que todas las personas hemos tenido alguna vez esa sensación, pero puedes verla como la señal que te recuerda la importancia de introducir y realizar todo aquello que realmente quieres.
- **Tienes más probabilidades de sufrir *burnout* en tu trabajo.** Como resultado de todo lo mencionado, y teniendo en cuenta que la complacencia te va a llevar a asumir más tareas y hacer más favores por el miedo a la reacción externa, puedes ser más propensa a alcanzar el agotamiento.

Complacencia

Surge de:

- Necesidades propias no reconocidas o atendidas.
- Entornos familiares desatentos, fríos, estrictos o necesitados de cuidado.
- Experiencias o amenazas de abandono o de rechazo.
- Roles padres-hijos invertidos.
- Ambiente familiar conflictivo.
- El amor ha sido condicional.

Sus mayores miedos son:

- No ser reconocida y querida.
- Lo que los demás piensen.
- El rechazo y el abandono.
- Decepcionar a los demás.
- Hacer sentir mal a alguien.

A diferencia del perfeccionismo, a primera vista la complacencia puede parecer menos «costosa» y generar más beneficios. No obstante, ten en cuenta que dichos beneficios se cobran de tu bienestar y, en realidad, son una tirita temporal que tapa la verdadera herida que se esconde debajo. **Cuando te desvives por cuidar a los demás**, en realidad **lo haces porque eso sana la parte de ti que necesitaba ser cuidada**. De hecho, si pudiera hablar, diría:

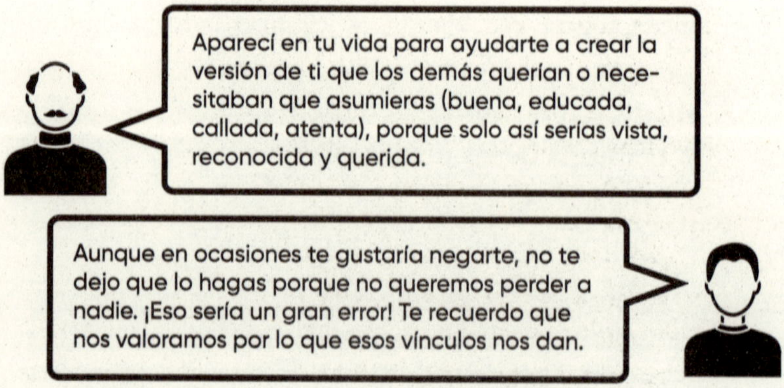

Dentro de ti hay dos versiones «luchando»: por un lado, está la niña pequeña que, para ser valorada y querida, tuvo que ser y hacer lo que los demás querían; por otro lado, está la adulta que realmente desea ser valorada y querida por quién es y por lo que de verdad quiere hacer.

Esa niña pequeña intenta que no la olvides y que **recuerdes el rol que tuvo que asumir para ser vista**. Sin embargo, lo que no sabe es que ahora cuentas con muchos más recursos y habilidades que los que ella tuvo en su momento. Y, aunque es completamente injusto tener que gestionar las heridas que te causaron otras personas en el pasado, puedes aprovechar este momento para **tomar las riendas que tu niña pequeña ha estado llevando**.

Si decides hacerlo, debes tener en cuenta que:

- **Reducir tu complacencia no implica dejar de cultivar la autoestima.** Lo que pasa es que tú solo has conocido ese medio. Para que no te pille por sorpresa, tienes que saber que, en el proceso de reducir tu complacencia, es normal que te sientas completamente perdida a la hora de fortalecer la autoestima y de descifrar tu verdadera identidad. Eso no significa que no existan otros medios o que no haya nada más que te caracterice. Puedes probar a dedicar más tiempo al resto de áreas de tu vida, a conocerte mejor y encontrar otros medios que cultiven tu autoestima (actividades, aficiones, intereses, logros, etc.).

Recuerdo que, para mi paciente Martina, fue especialmente doloroso darse cuenta de que no sabía definirse a sí misma sin mencionar lo que los demás siempre habían alabado de ella: «inteligente», «buena», «entregada», «servicial» y «responsable». Sin darse cuenta, esas palabras habían acabado definiendo su identidad. No se planteó en ningún momento si eran ciertas, si la representaban o si había otras que desconocía. No obstante, sí que era consciente de la lucha interna que se libraba diariamente en su interior: «¿Hago lo que los demás esperan de mí o lo que de verdad quiero hacer?». Sentía pavor ante la idea de que fuera lo segundo, porque pensaba que implicaría romper esas etiquetas que le habían puesto. Que dejaría de ser «buena» si se negaba a algo o «entregada» si decidía tomarse un fin de semana para ella sola.

Y, aunque no vas a dejar de ser buena persona por poner límites, ni vas a ser egoísta por dedicarte tiempo, a lo mejor la cuestión no es mantener esas etiquetas, sino romperlas para que dejen de limitarte y escojas las que, según tú, son las que más te definen.

- **Reducir tu complacencia no implica buscar conflictos.** Muchas veces has dicho que sí, te has callado lo que querías expresar o te has disculpado para evitar conflictos o situaciones incómodas, pero eso no significa que por dejar de hacerlo estés buscando conflictos. Es cierto que, quizá, las personas de tu entorno pueden reaccionar de otra manera tras observar ese cambio en ti y en tus conductas, pero es algo lógico. Si conoces a alguien que siempre dice que sí a todo, el día que escuches un «no» salir por su boca, te resultará sumamente extraño y novedoso. Sin embargo, al igual que se acostumbraron a escuchar siempre tus «síes», también lo harán con tus nuevos «noes» (y, si no fuera así, más adelante hablaremos sobre cómo poner esos límites personales). Por último, quiero que sepas que, aunque los conflictos sean incómodos, nos permiten conocernos mejor, resolver los problemas y construir relaciones más sanas (siempre y cuando no sean destructivos).

- **Reducir tu complacencia no va a hacer que te quieran menos, que tengas menos apoyo o que se vayan a ir de tu lado.** Recuerda que tu verdadera esencia no es la complacencia, sino la persona que hay detrás junto con todo lo que la representa. Las personas que te han conocido a ese nivel no tienen por qué irse de tu lado cuando les pongas límites o les digas lo que de verdad quieres expresar. No obstante, también es importante que te hagas a la idea de que esto puede acabar pasando antes o después. Esta es una lección de vida: cuanto antes la entiendas, más preparada estarás cuando ocurra. Y, aunque puede que no lo parezca, hay pérdidas que pueden ser ganancias si esas personas solo estaban ahí por lo que les dabas o hacías por ellas.

Aplica la metáfora de los termómetros

Visualizar los siguientes termómetros en situaciones en las que sientes que tu complacencia se activa puede ayudarte a decidir cuál será la mejor manera de actuar. Recuerda que tener una conducta complaciente cuando el mercurio de tu termómetro alcanza la parte superior implica dejarte de lado y dañar tu autoestima.

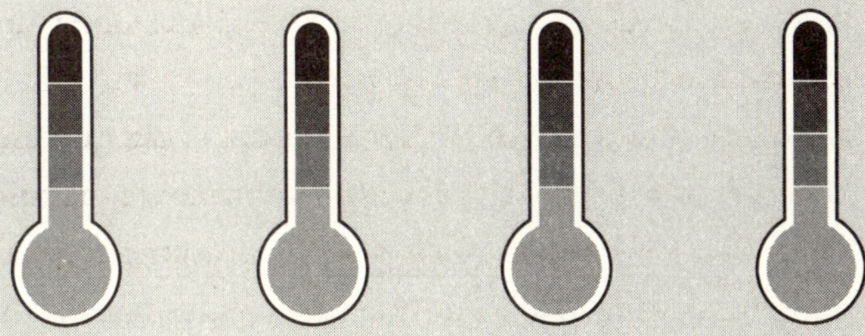

EJERCICIO

Reflexiona e identifica tus conductas complacientes. En un papel, completa la primera columna de la tabla con un listado de esas conductas. Después, añade qué es lo que realmente querrías haber hecho y lo que acabaste haciendo. ¿Cómo te hizo sentir esa decisión? Apúntalo. Por último, escribe un consejo que le darías a tu «yo del futuro» si se encontrara en una situación similar. Piensa qué es lo que más necesitarías escuchar en esos momentos y lo que más te ayudaría.

Últimas situaciones en las que has sido complaciente	¿Qué es lo que realmente querrías haber hecho?	¿Qué es lo que acabaste haciendo? ¿Cómo te hizo sentir?	¿Qué puedes decirte a ti misma para que no te suceda en un futuro?
Cuando mi amiga Paula me preguntó si íbamos al cine.	Quedarme en casa descansando porque me encontraba mal.	Acabé accediendo a ir al cine con ella, pero sentí impotencia y frustración.	Que mis necesidades son importantes y que puedo proponer otras fechas.

La complacencia te puede haber hecho creer que sacrificarte en nombre de los demás es sumamente honorable y positivo. La realidad es que, en el fondo, te está generando **tres grandes pérdidas**: en primer lugar, te estás perdiendo **a ti misma** al verte como el medio para conseguir un fin «mayor»; en segundo lugar, estás perdiendo **tu capacidad para decidir** lo que de verdad quieres ser o hacer; y, por último, estás perdiendo **tu vida** al caer en la trampa de la eterna complacencia.

¿Cómo hubiera sido tu vida sin la constante presencia de tu fiel compañera? ¿Podría haber sido muy diferente a la que has tenido? Es normal que esto te remueva y te entristezca, pero **recuerda** que **todavía tienes el resto de tu vida para vivirla de la manera que tú prefieras**.

Si te has sentido identificada con alguno de los mecanismos de defensa que hemos visto, es importante que reconozcas la función que han tenido en tu vida y que agradezcas que te hayan protegido. Pero también es fundamental que les digas que ahora eres una persona adulta que cuenta con más aprendizajes, experiencias y habilidades que las que tuviste en su momento. Y que, precisamente por eso, **no requieres tanto de su ayuda**.

Aun así, es posible que no se reduzcan si identifican que estás viviendo una situación muy desbordante en el trabajo y estás sintiendo una ansiedad y unas emociones muy intensas. Y, como el *burnout* surge ante un estado de estrés prolongado, es clave que hablemos de cómo surgen estas y cómo puedes gestionarlas.

Cuando la ansiedad y las emociones aparecen, las alarmas suenan

Siempre que nos encontramos ante una situación desbordante o dañina, **nuestro cuerpo va a buscar la manera de lanzarnos una señal** para que seamos conscientes de ello y hagamos algo para resolverlo. Si considera que alguien ha sobrepasado tus límites o ha hecho algo que te molesta, te lo trasladará a través de la **ira**. Si siente que algo te está hundiendo y haciendo daño, usará la **tristeza**. Y, si identifica que te encuentras en una situación estresante que está superando tu capacidad de gestión y disminuyendo tu nivel de seguridad y de actuación, te lo hará saber mediante la **ansiedad**.

Es importante que comprendas que, por mucho que pases de él e ignores todas sus señales, no va a rendirse. Encontrará otras maneras más evidentes para que le hagas caso y, como es sumamente inteligente, escogerá aquellos momentos en los que no estás haciendo nada o estás intentando descansar para que escuches su mensaje. Te mandará las mismas señales que has estado desatendiendo, pero esta vez las sentirás de una manera mucho más intensa. Y, si aun así cree que no es suficiente, recurrirá a su último y más evidente recurso, la ansiedad en su estado más alto: los **ataques de pánico**. Como estas reacciones surgen ante un malestar, cuanto más las ignoremos o luchemos contra ellas, peor nos sentiremos. De esta manera, el ciclo volverá a repetirse una y otra vez. Es como el pececillo que se muerde la cola.

Es probable que un ámbito tan agotador y estresante como puede ser tu trabajo te esté generando una ansiedad y unas emociones muy desbordantes. Y, si tras leer lo anterior te has dado cuenta de que todo este tiempo has estado actuando de la manera «equivocada», no te culpes. Al final, siempre tendemos a evitar el dolor y hacemos lo mejor que podemos con la información y los recursos que tenemos en ese momento. Algo tan importante como **la gestión de la ansiedad y de las emociones debería haber sido**, sin duda, **una asignatura más en el colegio**: de esta manera, hubiéramos crecido con mucha más información, recursos y seguridad a la hora de enfrentarnos a las situaciones estresantes que, inevitablemente, van a surgir a lo largo de nuestra vida. Y, por mucho que te hubiera gustado disponer de esa información en tu pasado para haber gestionado las cosas de otra manera, ahora solo podemos trabajar en tu presente para que este y el futuro que está por venir sean distintos.

Lo primero es entender **por qué surgen las señales de alarma** que te manda tu cuerpo y **cuáles son las implicaciones que hay detrás** de la ansiedad. Como se asemeja bastante al simulacro de incendios que probablemente hicieras de pequeña en tu colegio, voy a usarlo como referencia:

Fuego. Hay algo en tu exterior (ambiente) o en tu interior (pensamientos o emociones) que está sobrepasando tu nivel de tolerancia o actuación.

Alarma de incendios. Tu mente interpreta esa situación como peligrosa.

Salir de clase por orden. El mensaje de alarma llega hasta tu sistema nervioso autónomo (cuyos dos componentes vamos a nombrar a continuación).

Confusión y nervios en el exterior. El sistema nervioso simpático, o «respuesta de lucha o huida», se encarga de producir adrenalina y cortisol («la hormona del estrés»). Esto ayuda a tu cuerpo a realizar los cambios que necesita para hacer frente a la amenaza percibida. Estos cambios son:

- **Dilatar las pupilas** para percibir mejor los peligros. Si no se ajustan correctamente a la intensidad lumínica del ambiente, sientes molestia por la luz o incluso percibes las imágenes borrosas.
- **Ensanchar las vías respiratorias** para aumentar la frecuencia respiratoria y prepararte para la acción. Debido a este cambio, sientes mareos, dificultad para respirar y sensación de ahogo.
- **Aumentar la frecuencia cardiaca y la presión arterial** para seguir con ese proceso de prepararte para la acción. En este punto, llegas a sentir taquicardias, palpitaciones y presión en el pecho.
- **Dilatar las arterias que aportan sangre a los músculos** para que estos se preparen para una posible actividad física intensa (como luchar o huir). No obstante, como no suelen surgir ese tipo de respuestas, es probable que sientas tensiones y dolores musculares, contracturas, calambres, temblores, sensación de hormigueo y sudoración fría.
- **Reducir y enlentecer la digestión** porque, como los cambios anteriores requieren de mucha energía, tu cuerpo nece-

sita ahorrar toda la que pueda. Esto explica la sensación de deshidratación, las náuseas, el dolor abdominal, la diarrea o el estreñimiento.

Aviso de tranquilidad y vuelta a las clases. El sistema nervioso parasimpático, o «respuesta de recuperación», es el antagonista del sistema simpático. Cuando no detecta la amenaza previamente percibida (porque se ha terminado, porque la has resuelto, porque te has alejado de ella o porque ha pasado un tiempo), recupera el «control» de tu cuerpo y propicia la desactivación de los cambios anteriores. Lo más normal es que después notes un cansancio generalizado por el exceso de energía que acabas de gastar y necesites descansar. También es probable que tengas ganas de llorar, ya que este sistema estimula la producción de las lágrimas con el objetivo de aliviar el estrés y provocar un efecto calmante.

Si mañana tuvieras que presentar un informe muy importante en tu trabajo, frente a todos tus compañeros y superiores, **la ansiedad podría «activarse» de la siguiente manera:**

Fuego:
Aparecen emociones desagradables intensas (como miedo, inseguridad, nerviosismo...) y también pensamientos relacionados con la situación («Lo voy a hacer fatal», «Van a encontrar fallos»...).

Alarma de incendios:
Debido a lo anterior, tu cerebro interpreta que estás en peligro.

Salir de clase por orden y confusión y nervios en el exterior:
Surgen las sensaciones corporales (visión borrosa, mareos, dificultad para respirar, sensación de ahogo, taquicardias, palpitaciones...) y nuevos pensamientos derivados de dichas sensaciones («Me voy a morir») o lo que se cree que va a pasar después («Me van a echar»).

Como has podido observar, cuando te enfrentas a una situación dañina o estresante, **tu cuerpo necesita que liberes físicamente esa energía extra que ha producido para poder volver a un estado de calma**. Si, por ejemplo, estás en la calle y cerca de ti hay un perro ladrándote de manera agresiva, tu cuerpo actúa rápidamente realizando todos los pasos anteriores y, como resultado, lo más probable es que respondas a esa amenaza huyendo (todo esto puede pasar en cuestión de segundos). En esta situación no eres tan consciente de los cambios que se han producido en tu cuerpo a nivel interno, ya que han sido utilizados y «gastados» para el fin con el que han surgido (luchar o huir).

No siempre vamos a responder de esa manera a las situaciones estresantes de nuestra vida cotidiana. Cuando tu bandeja de correos se llena o tus tareas se acumulan, no puedes huir de ellas (aunque sé que te gustaría); asimismo, cuando uno de tus compañeros de trabajo te culpa de un error o tu jefe te da una contestación brusca, no puedes luchar contra ellos (por mucho que se te haya pasado por la cabeza esa idea). Al no poder descargar esa energía acumulada, **tienes la sensación de estar al límite, como si fueras una bomba que puede estallar** en cualquier momento.

Y si, además de eso, tenemos en cuenta que los pensamientos intrusivos y las emociones desbordantes que estás sintiendo también aportan su granito de arena, es probable que **a tu cuerpo le resulte muy difícil desconectarse** o relajarse. Es como si tu cuerpo fuera una jarra, y el agua el nivel de estrés que puedes acumular.

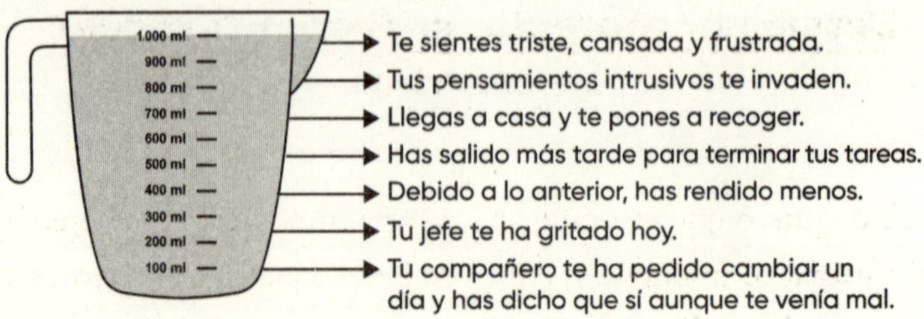

Diariamente surgen situaciones diversas que pueden estar llenando tu jarra de agua y, si no haces nada para vaciarla (o no sabes cómo hacerlo), lo más probable es que vivas en constante **estado de ansiedad,**

miedo y tensión. El problema de acumular tanta agua es que, inevitablemente, esta terminará desbordando en algún momento. Y no de la manera correcta: lo más probable es que venga acompañada de un **ataque de pánico** (que es el resultado de vivir los procesos anteriores que hemos mencionado, pero de una manera mucho más rápida e intensa).

¿Cómo podemos vaciar esa jarra antes de que llegue a desbordarse? Existen muchas opciones, algunas de las cuales ya hemos visto: reforzar tu autoestima, separar tu identidad del trabajo, buscar un sentido vital, confrontar los pensamientos intrusivos y reducir los mecanismos de defensa que te pueden estar limitando. Otras opciones (como corregir y mejorar la manera en la que trabajas, priorizar el tiempo de descanso y atender el resto de las áreas de tu vida), en cambio, las expondremos más adelante. Por ahora, nos centraremos en aquellas que están directamente relacionadas con la gestión de la ansiedad y las emociones; gracias a las cuales no solo podrás vaciar la carga de estrés que tu cuerpo ha acumulado, sino que también **aumentarás tu calidad de vida y bienestar**.

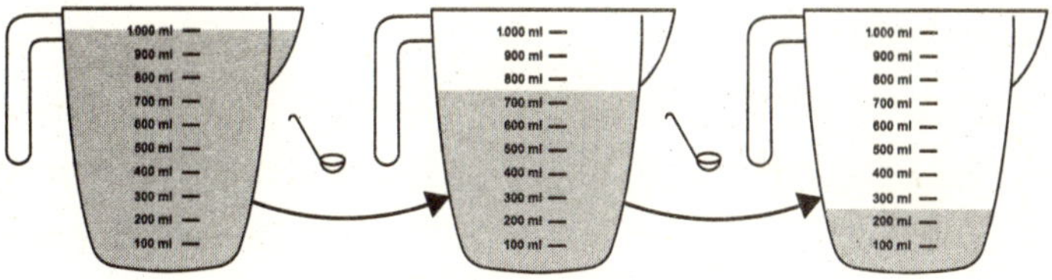

PASO 1
Desmontar conceptos erróneos y aprender los correctos

Primero, quiero que respondas a una pregunta (pero no te preocupes, ¡no voy a juzgar tu respuesta!). Antes de leer las páginas anteriores, **¿qué concepto tenías sobre la ansiedad?**

Si desconocías esa información, has revivido en tu mente momentos angustiantes o el mero hecho de mencionar la ansiedad te genera malestar, es probable que esta tenga para ti **una connotación negativa, in-**

cluso peligrosa. Cuando acompaño en terapia a pacientes cuyo motivo de consulta es la ansiedad, con frecuencia respondo a los miedos que más se repiten de la siguiente manera:

«Tengo miedo de que me dé un ataque al corazón».

Es normal que te preocupes cuando sientas palpitaciones, taquicardia o dolor en el pecho, pero eso no significa que te vaya a dar un infarto. Esos síntomas surgen porque son parte de la respuesta de emergencia que está realizando tu cuerpo al detectar una situación que considera peligrosa.

«¿Y si me desmayo?».

Los síntomas que sientes por la ansiedad (sobre todo los mareos) pueden haberte hecho creer que estás a un paso de desmayarte, pero es bastante improbable. Para que esto ocurra debe producirse un descenso del ritmo cardiaco y una bajada importante de la presión arterial, y, cuando experimentas ansiedad, tu cuerpo está haciendo precisamente lo contrario: aumentar el ritmo cardiaco y la presión sanguínea.

«A veces siento que no tengo aire suficiente y voy a asfixiarme».

Es normal sentir ese miedo cuando eres consciente de que el ritmo de tu respiración ha cambiado y se ha acelerado. Tu cuerpo necesita ese oxígeno extra por si tienes que actuar rápidamente y, aunque es difícil de creer cuando sientes esos síntomas, no va a dejar de respirar por ti en ningún momento.

«Cuanto más evite ciertas situaciones, mejor».

Eso hace que sientas un alivio inmediato. No obstante, a largo plazo, esto empeora el problema: cuanto más eludas algo, más aprenderá tu mente a asociarlo de manera negativa y más ansiedad sentirás cuando tengas que afrontarlo. Pero tampoco es cuestión de que te martirices exponiéndote a esas situaciones sin ningún tipo de apoyo o preparación previa, porque esto solo hará que tu mente confirme que son peligrosas. Una vez que hayas aprendido más sobre la ansiedad y dispongas de recursos para aprender a gestionarla, podrás exponerte de manera gradual.

Si el concepto que tenías (o sigues teniendo) de la ansiedad era negativo, ten esto en cuenta: **la ansiedad es la alarma que te avisa cuando hay un incendio, pero no es el fuego** en sí. Lo que la ansiedad quiere es que le prestes atención y la escuches, porque, si no lo haces, te gritará más fuerte. Es cierto que los síntomas pueden ser muy molestos y desagradables, pero no son peligrosos. Y, aunque a veces es muy pesada y repetitiva, piensa que, si está ahí, es por algún motivo que quiere que identifiques.

No te estoy pidiendo que cada vez que esta aparezca la recibas con gratitud o con los brazos abiertos, sino que la escuches y entiendas cuáles son los medios que utiliza para captar tu atención. **Reducir el miedo a la ansiedad es el primer paso para reducir la ansiedad** en sí. Cuando esta detecta que dejas de resistirte a su presencia o de luchar contra ella, no tendrá la necesidad de gritarte para que le hagas caso.

Una vez desmontadas las creencias erróneas más comunes de la ansiedad, vamos a ver aquellas que tienen que ver con las emociones. Pero primero, y al igual que antes, quiero que respondas a una pregunta: **¿cuáles de tus emociones dirías que son positivas y cuáles dirías que son negativas?**

Es probable que, por ejemplo, asocies la alegría, la esperanza y la euforia de manera positiva, y la tristeza, el miedo y la ira de manera negativa. Acabo de hacerte una pregunta «trampa» (¡lo siento!): **no hay**

emociones positivas y negativas, sino emociones agradables y desagradables. Lo que pasa es que solemos etiquetarlas en función de cómo nos hacen sentir.

Si has visto la película *Del revés*, de Pixar-Disney (y, si no es así, te recomiendo que lo hagas), visualiza a todos esos personajes que representan las emociones dentro de tu cabeza. Todos tienen un objetivo que cumplir: **harán acto de presencia cuando consideren que ha pasado algo que activa la función para la que han sido creados**. Te lo harán saber a través de tus pensamientos, conductas e incluso sensaciones corporales.

- La **felicidad** te ayuda a ser consciente de aquello que te sienta bien. Es bueno para tu bienestar y autoestima, y reduce tu estrés, por eso quiere que lo hagas de nuevo.

- La **tristeza** te permite tomar distancia de las situaciones dolorosas para que reflexiones, interiorices y cicatrices el daño que te han generado.

- El **asco** te recuerda, mediante su aversión, que debes alejarte de esa situación o estímulo que te resulta especialmente desagradable o repugnante.

- La **ira** te avisa para que pongas límites o te defiendas cuando se está cometiendo una injusticia contra ti o está ocurriendo algo que te molesta.

- El **miedo** te prepara para sobrevivir y dar una respuesta rápida y eficaz cuando percibe que estás en una situación peligrosa o amenazante.

- La **sorpresa** te permite prestar atención a las situaciones novedosas o inesperadas por si tienes que reaccionar rápidamente.

Estas son solo algunas de las emociones que puedes llegar a sentir, pero, como ves, todas tienen una función que cumplir. Por eso decimos que no hay emociones «buenas» o «malas», tampoco formas «correctas» o «incorrectas» de sentirnos en determinadas situaciones. Pero, **si las ignoras** o suprimes (sobre todo aquellas que son más incómodas, como la ira o la tristeza), **solo vas a conseguir que sigan creciendo** dentro de ti y que se alimenten de las nuevas situaciones que surjan. De esta manera, cuando finalmente salgan (que pasará), **lo harán con la duración y la intensidad de todas las veces que fueron reprimidas**. Como dice una frase atribuida tradicionalmente a Freud: «Las emociones inexpresadas nunca mueren, son enterradas vivas y salen más tarde de peores formas». De hecho, una de esas formas suele ser la ansiedad.

PASO 2
Descubrir detonantes e identificar sensaciones

La ansiedad y las emociones son procesos automáticos que no puedes controlar, pero sí puedes descubrir por qué surgen y aprender a identificar sus sensaciones. Hacerlo es sumamente importante, porque te ayudará a reducir el miedo a sentirlas y **ganarás más seguridad y confianza contigo misma** a la hora de gestionarlas.

Los **detonantes** son cualquier **estímulo que te provoque una respuesta emocional intensa** y desagradable. Estos pueden ser externos (situaciones, comentarios, lugares o personas) o internos (decisiones, pensamientos, recuerdos o incluso emociones).

Detonantes externos:
¿Qué situaciones, comentarios, lugares o personas suelen generarte emociones desagradables o incluso ansiedad?

Detonantes internos:
¿Qué decisiones, pensamientos, recuerdos o emociones suelen generarte emociones desagradables o incluso ansiedad?

El mundo de las emociones es muy amplio. Según el psicólogo Plutchik, existen **seis emociones básicas** (felicidad, tristeza, asco, ira, miedo y sorpresa) y una gran variedad de emociones **secundarias** que surgen de combinar dos básicas. Por ejemplo, la decepción surgiría de combinar la sorpresa con la tristeza, y la indignación de mezclar la sorpresa con la ira. Aunque el espectro emocional es muy amplio, esta tabla puede ayudarte a identificar algunas de ellas:

Emoción principal	Emociones secundarias	Pensamientos relacionados	Sensaciones corporales
TRISTEZA	Deprimida, vulnerable, arrepentida, apática herida y avergonzada.	«Todo me supera»; «Soy lo peor»; «Les he decepcionado».	Llanto, pesadez, postura decaída y sensación de vacío.
ASCO	Antipática, repugnada, reacia, decepcionada, engañada y vacilante.	«No me puedo creer lo que ha hecho»; «No confiaré más en él».	Rechazo, náuseas, necesidad de alejarse y tensión muscular.
IRA	Frustrada, irritada, amenazada, atacada, furiosa, herida.	«No lo soporto»; «Es horrible»; «¿Cómo se atreve?».	Cuerpo rígido, calor, mandíbula apretada y respiración acelerada.
MIEDO	Insegura, asustada, aterrada, humillada, ridiculizada, agobiada.	«Lo he enfadado»; «¿Y si me pasa?»; «Me voy a quedar sola».	Temblores, presión en el pecho, sudores y corazón acelerado.

PASO 3
Acompañar adecuadamente esas sensaciones

La manera en la que gestionas tu ansiedad y tus emociones es fundamental: puede suponer una **gran diferencia entre temerlas y suprimirlas o entenderlas y aceptarlas**. Esto último no implica recibirlas con una falsa y calurosa bienvenida, sino comprender que, por muy incómodas o desagradables que sean, **para sanar o cambiar algo primero tienes que sentirlo** y escucharlo (aunque duela).

He aquí unos ejemplos de cómo puedes acompañarlas adecuadamente:

«Me noto apática, sin ganas de hacer nada, y estoy pensando que esto no va a cambiar. Reconozco que estoy triste por mi situación laboral actual, pero también sé que es normal sentirme así y que necesito un espacio para desahogarme. Después, puedo reflexionar sobre lo que necesito y lo que puedo hacer con esa información».

«Siento que mi respiración se está acelerando, que me tiemblan las manos y que estoy muy tensa. No paro de pensar que no voy a llegar a todo lo que se espera de mí y que decepcionaré a los demás. Esto me indica que puedo estar sintiendo ansiedad, pero, si pienso en la carga de trabajo que estoy teniendo ahora mismo y en cómo me estoy hablando, es normal que esta aparezca. Voy a tomarme unos minutos para despejarme y ser consciente de lo que me está pidiendo mi cuerpo».

Sería como el resultado de hacer lo siguiente:

1. **Reconozco los síntomas que estoy sintiendo** (sensaciones corporales y pensamientos): «Me noto…»; «Siento…»; «Estoy pensando…».
2. **Identifico y nombro lo que estoy sintiendo** (emociones o ansiedad): «Estoy…»; «Esto es…».
3. **Valido y acojo lo que estoy sintiendo:** «Tengo derecho a sentirme…»; «Es normal que esté…».
4. **Analizo el contexto en el que surge e identifico el mensaje que me está mandando:** «Esto surge por…»; «Esto me indica que…»; «Ha aparecido cuando…».
5. **Reflexiono sobre lo que necesito hacer para sentirme mejor:** «Necesito…»; «Voy a…»; «Me vendría bien…».

PASO 4
Actuación cuando las sensaciones son muy intensas y desbordantes

¿Y si estoy teniendo un ataque de pánico o sintiendo mucho malestar? Cuando las sensaciones son muy intensas y desbordantes, puede que el paso anterior no sea suficiente, o incluso que te veas incapaz de llevarlo a cabo. Si fuera así, he aquí algunas **técnicas que ayudan a sostenerte** en ese tipo de situaciones y unas **pautas específicas cuando estás teniendo un ataque de pánico.**

	FUNCIÓN	TÉCNICA UTILIZADA Y EXPLICACIÓN
Técnicas de respiración	Ralentizar el ritmo de tu respiración para cambiar de respiraciones rápidas y cortas a otras más lentas y profundas.	**Técnica 4-7-8** 1. Coge aire durante cuatro segundos. 2. Mantén la respiración durante siete. 3. Exhala el aire de los pulmones hasta ocho. 4. Repite todo el proceso tantas veces como lo necesites.
Técnicas de distracción	Cambiar el foco de tu atención de lo que se está sintiendo o estás pensando para dirigirlo al exterior o al presente.	**Técnica de los cinco sentidos** 1. Identifica cinco cosas que puedas ver. 2. Identifica cuatro cosas que puedas tocar. 3. Identifica tres cosas que puedas oír. 4. Identifica dos cosas que puedas oler. 5. Identifica una cosa que puedas saborear.
Técnicas de relajación	Reducir la tensión corporal acumulada y reconducir la mente y el cuerpo a un estado más calmado.	**Relajación muscular progresiva de Jacobson** Tensa una zona muscular durante cinco segundos y, después, relaja la zona durante diez. Hazlo con todos tus músculos: piernas, brazos, cara, etc.
Técnicas para estimular el nervio vago	Preparar al cuerpo para el descanso o la relajación mediante la activación del sistema nervioso parasimpático («respuesta de recuperación»).	**Contraste de calor-frío** Coge algo que esté frío (como una botella del frigorífico o un paño mojado con agua fría) y aplícatelo en la nuca y en la cara durante unos veinte segundos aproximadamente. Recuerda no pasarte: ¡no hay que ni sufrir ni congelarse!

Algo muy importante que debes tener en cuenta es que **estas técnicas no son la solución a la ansiedad o al malestar emocional**. Es cierto que ayudan a sostenerte durante esos momentos, e incluso también pueden disminuir su intensidad y duración. Sin embargo, **recurrir únicamente a ellas como vía de escape sin atender la verdadera fuente del malestar es como romperte una pierna y pretender que esta se cure exclusivamente por el uso de las muletas**. Aunque ese sostén puede suponer un gran apoyo en tu cotidianeidad, si no atiendes el verdadero origen, te puedes pasar toda la vida en un bucle interminable de ayuda constante.

Pautas para tener en cuenta en caso de ataque de pánico:

- **Visualiza la curva de la ansiedad.** Debes saber que lo que estás sintiendo tiene un inicio, un pico máximo y un final. En el inicio suelen surgir algunos de los síntomas que hemos visto (respiración acelerada, presión en el pecho, etc.). En los siguientes minutos seguramente identifiques más, hasta que llegue un punto en el que te sientas completamente abrumada (pico máximo). Es ahí, en el momento en el que alcanzas el máximo malestar, cuando esos síntomas empezarán a disminuir gradualmente. Esta información puede ser muy tranquilizadora: la ansiedad tiene un «tope» y, cuando la alcanzas, empieza la «bajada». Aunque se puede vivir como un proceso muy largo, suele durar entre quince y veinte minutos.

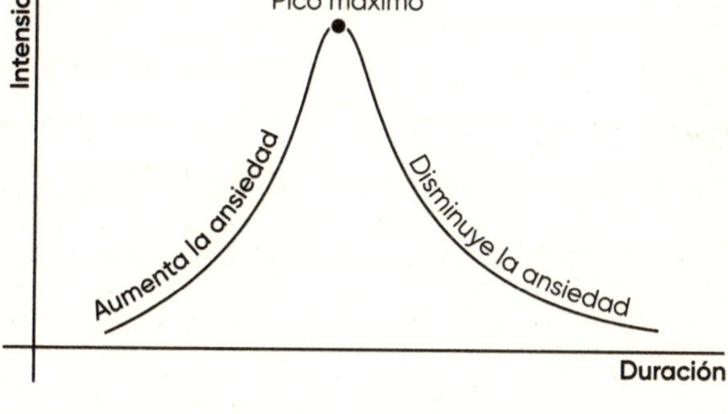

- **Usa afirmaciones seguras y realistas.** «Todos estos síntomas que estoy sintiendo terminarán en unos minutos»; «La ansiedad puede generarme pensamientos irreales y catastróficos, pero no va a pasarme nada malo»; «Intentar controlar o evitar mi ansiedad solo hará que esta empeore»; «La ansiedad puede ser muy desagradable, pero no es peligrosa»; «Esto no va a durar eternamente».

PASO 5
Gestión posterior cuando las sensaciones desaparecen o se reducen

Si realizas los pasos anteriores cada vez que tu ansiedad o tus emociones se activan, habrás conseguido mejorar considerablemente tu capacidad para gestionarlas. No obstante, este último paso es igual de importante que los anteriores, porque, si no reflexionas sobre lo que ha pasado y no sacas un aprendizaje de ello, seguirá ocurriendo una y otra vez. De esta manera, mientras que vas realizando de fondo los pasos o cambios que tu cuerpo te pide, podrás **anticiparte a tus detonantes y estar preparada para actuar** de la forma en la que te ha funcionado otras veces.

Para anotar este tipo de situaciones y descubrir cuál es el tipo de gestión que más te ha ayudado, te propongo **realizar este autorregistro**. Además, según la psicóloga Ballesteros, si lo incorporas como parte de tu rutina, puede ser **muy terapéutico**. Exteriorizar todo lo que sientes o todo lo que pasa por tu mente durante esos momentos tan angustiantes ayuda a tomar decisiones después, en un estado más calmado y reflexivo. Y el hecho de llevar un registro de todas estas situaciones que van surgiendo en tu día a día también te permite ser más consciente de los avances que vas dando, algo que es sumamente constructivo y motivador para animarte a seguir por ese camino.

Detonante	Respondo al correo que me manda mi jefe a las diez de la noche.
Pensamientos	«Ya estamos»; «Siempre está igual»; «Nada va a cambiar»; «No consigo descansar»; «No puedo más»; «Es agotador».
Emociones o ansiedad	Impotencia, frustración, ira, agobio y ansiedad.
Gestión realizada	Lloro y realizo la técnica de distracción de los cinco sentidos.
Resultados obtenidos	Las sensaciones disminuyen y consigo despejar mi mente para decidir qué es lo que quiero hacer con más claridad.
Mensaje y aprendizaje	No estoy en mi jornada laboral, tengo que respetar mi vida personal y poner límites. La próxima vez le contestaré en mi horario de trabajo.

LA CULPA merece una mención especial

Si la vida se construyera a base de culpa, viviríamos rodeados de edificios gigantes. Nadie se libra de haberse sentido culpable alguna vez. Es algo natural e intrínseco de los seres humanos. Esta emoción surge cuando tenemos la **sensación interna de haber hecho algo malo**, de haber transgredido una norma ética o social, **o ante la posibilidad de que otros puedan tener esa percepción de nosotras**.

Esta culpa se observa a **nivel interno** cuando, por ejemplo, sientes remordimientos, te invade la vergüenza y surgen pensamientos autocríticos sobre lo que ha pasado. Asimismo, se observa a nivel **externo** cuando, por ejemplo, se producen cambios en tu comportamiento, te aíslas de los demás o te movilizas para reparar el error o el daño que crees que has causado.

Las **creencias y valores que tienes y las experiencias tempranas** que viviste (por ejemplo, si fuiste criticada o juzgada con frecuencia) **también influyen** en este proceso. Determinan los estímulos que activan tu culpa, la frecuencia e intensidad con la que esta surge y tu posterior manera de gestionarla. Y, aunque esta emoción puede ser sumamente desagradable, tiene un papel fundamental en nuestras vidas: nos permite aprender de nuestros errores y reforzar nuestros vínculos personales; **es una brújula interna que nos guía** hacia lo que consideramos moral y ético.

De hecho, **¿te imaginas cómo sería la vida si nadie se sintiera culpable?** No existirían las disculpas, los remordimientos y los intentos por reparar el daño realizado. Sería un caos a nivel social y moral. Si nos planteamos el escenario alternativo, aquel en el que la culpa estaría presente en su grado más alto, **¿te imaginas cómo sería la vida si todos se culparan constantemente e incluso sin ningún motivo?** La tristeza y la ansiedad estarían muy presentes en nuestras vidas, nos veríamos castigados continuamente por nuestra propia mente y cargaríamos con tanto peso sobre nuestros hombros que nos resultaría muy difícil avanzar. Sería una vida totalmente desesperanzadora.

Esta hipotética vida que acabamos de plantear, sin embargo, es la realidad de muchas personas. Cuando tu culpa alcanza niveles desmesurados, aparece de manera constante, te castiga de forma excesiva, te genera un malestar intenso o surge ante un juicio muy rígido e inflexible, se consideraría disfuncional. Algunas de las señales que pueden indicarte que tu culpa ha llegado a ese nivel son:

- **La culpa no surge solo por lo que haces, sino también por lo que eres.** Si la culpa que sientes es muy frecuente e intensa, es probable que, con el tiempo, haya hecho mella en tu identidad y creas que eso es todo lo que te define: que siempre sueles tener la culpa de todo, que eres la causante de todos los disgustos, que eres una vergüenza, etc. No obstante, confundir el mensaje que te da esta emoción con el concepto de tu persona es un error, porque esa imagen que has creado de ti misma es totalmente invalidante, injusta e irreal. Una cosa es lo que sientes y otra muy distinta lo que eres. Puedes sentir vergüenza, pero no por eso ser una vergüenza.
- **Con frecuencia te sumes en un bucle entre lo que hiciste o no hiciste, y lo que podrías haber hecho.** ¿Te ha pasado alguna vez que no has podido parar de reproducir en tu mente una conversación o situación porque pensaste que habías

actuado mal? Tu mente a veces se convierte en el escenario perfecto para repetir todos los momentos vergonzosos o humillantes que has vivido a lo largo de tu vida. Cuando ocurre esto, tienes dos opciones: puedes machacarte por lo que hiciste y castigarte por lo que no hiciste, o también puedes responsabilizarte de lo que ocurrió y aprender la moraleja que hay oculta. La primera opción te inmoviliza y te hunde, mientras que la segunda te moviliza y te orienta.

- **Te es muy difícil tomar decisiones por miedo a equivocarte y a disgustar a los demás.** Estos miedos, y las que consideras que son «las mayores cagadas de tu vida», han ido alimentando el prejuicio negativo que tienes sobre tu persona y sobre tu capacidad para decidir. Cuando te ves en la tesitura de tener que tomar una decisión, es como si todos esos «fracasos» aparecieran por tu mente para reírse de ti y recordarte lo mal que lo hiciste. Sin embargo, todas tenemos derecho a equivocarnos y a no ser perfectas, y, aunque te dé miedo decepcionar a alguien, no mereces ser castigada o señalada por hacer algo mal. Porque tu vida no es un examen que tenga que ser juzgado o evaluado por otra persona.

Cualquier conducta, decisión o comentario que hiciera mi amiga Sofía podía llevarla a sentirse terriblemente culpable. No obstante, hacía un tiempo que arrastraba un gran sentimiento de culpa por dos situaciones en concreto: la primera era haberse mudado a Madrid para irse al año; la segunda, dejar su trabajo como enfermera tras haberse formado para ello durante años. Aunque después se había vuelto a vivir con su familia (con la que estaba feliz y tenía una buena relación) y había decidido que quería opositar, seguía pensando que eran los mayores fracasos de su vida. No estaba viendo, en cambio, la cara de la otra moneda. Gracias a que había estado viviendo en Madrid, se había dado cuenta de que ese no era el sitio en el que quería vivir y, gracias a que había estado trabajando de enfermera, se había dado cuenta también de que esa no era la profesión en la que quería estar. Si no hubiera tenido esas experiencias, quizá siempre se hubiera quedado con la duda.

- **Tu empatía puede jugarte una mala pasada en tus relaciones personales.** La profesora de Psicología Tangney encontró una correlación positiva y significativa entre la culpa y la empatía. Según ella, si te consideras una persona muy empática, puedes tener más probabilidades de desarrollar sentimientos de culpa. Como esta emoción activa que hagas lo que otros necesitan, si no tienes una separación bien marcada entre las emociones de los demás y las tuyas, te puedes pasar la vida atendiendo y gestionando las emociones equivocadas.
- **Estás completamente enfocada en la interminable búsqueda del perdón.** Cuando tu culpa es tan intensa y desproporcionada, se puede convertir en tu peor jueza. En consecuencia, tal vez estés orientando tu vida y tus acciones en la búsqueda constante del perdón, que crees que será tu absolución. Y, aunque a todos nos gusta que nos perdonen cuando hemos hecho algo mal, podemos correr el riesgo de paralizar toda nuestra vida cuando este perdón no llega y de entrar en un ciclo indeterminado de conductas reparatorias (hacer excesivos favores, decir «sí» a todo, etc.). Incluso a veces puedes llegar a esperar un perdón que ni siquiera necesitas porque realmente no hiciste nada malo.
- **Vives en un eterno bucle de tristeza, enfado, vergüenza y ansiedad.** Cuando haces algo mal o ves que alguien está triste o enfadado, es normal que se active tu tristeza. Sin embargo, rara vez viene sola. También puedes sentirte enfadada contigo misma si, bajo tu punto de vista, consideras que actuaste de manera totalmente incorrecta. A consecuencia de ese juicio, es

normal que también aparezca la humillación o la vergüenza. Si además todas estas emociones se originan con frecuencia o son muy intensas, es inevitable que en algún momento acabe surgiendo la ansiedad.

- **Tienes más probabilidades de sufrir *burnout* en tu trabajo.** Si, además de lo anterior, tu culpa te lleva a no poner límites, a responsabilizarte de la mayoría de las situaciones que suceden en tu trabajo y a castigarte trabajando más y descansando menos, puedes ser más propensa a alcanzar el agotamiento.

PREGUNTAS

PARA REFLEXIONAR

¿Cómo crees que sería tu vida si la culpa no estuviera tan presente y no fuera tan intensa? Tómate unos minutos para imaginar cómo podría ser esa hipotética vida.

Cuando hablamos de reducir la culpa, no buscamos eliminarla (eso es imposible), sino **disminuir el grado de culpabilidad y la frecuencia en la que surge**. Esto implica identificar si realmente somos culpables y analizar si ese nivel de culpa es proporcional a lo que ha pasado. Este relato puede ayudarnos a entenderlo mejor:

Había una vez un hombre que estaba preso dentro de un hoyo y, aunque dentro había una escalera, se negaba a utilizarla porque pensaba que merecía ser castigado y cavar diariamente. Además de eso, se torturaba pensando: «¿Por qué hice lo que hice?»; «¿Por qué soy como soy?»; «¿Cuál es mi papel en la vida si solamente traigo sufrimiento a los demás?». Fue pasando el tiempo hasta que, un día, un desconocido cayó en el hoyo.

—¿Quién eres? ¿Qué haces aquí? ¡Menudo susto! —le dijo el preso atemorizado.

—Vaya, esto me pasa por no estar pendiente de mirar el suelo por el que camino. Siento mucho haberte asustado, no era mi intención. Pero lo verdaderamente importante no es quién soy yo, sino quién eres tú y qué haces aquí abajo.

—Da igual quién sea yo —le contestó el preso—. Lo único que tienes que saber de mí es que estoy aquí por los crímenes que he cometido. Soy la mayor decepción de mi padre: él siempre quiso que siguiera su camino y estudiara Medicina. En cambio, decidí estudiar Arquitectura y ahora veo la decepción en sus ojos cada vez que me mira. Soy un mal hijo y un fracaso. Y por haber intentado que mi padre se sintiera orgulloso de mí, me he enfocado tanto en mi trabajo que he acabado desatendiendo a mi mujer y a mis hijos. Por eso estoy aquí, este es mi castigo.

—Entiendo, pero lo que yo veo es a un hombre que está sufriendo por no haber sido querido y aceptado tal como era —le dijo con compasión el desconocido—. Te impusieron unas normas sobre quién se supone que tenías que ser y cómo debías actuar, y ahora te culpas tú por no haber alcanzado dichas expectativas, pero ¿alguna vez te has preguntado si son las mismas que las tuyas? Al fin y al cabo, eres tú quien está viviendo en ese cuerpo, no tu padre. Y tienes todo el derecho del mundo a sentirte culpable por haber desatendido a tu familia, pero mira a dónde te ha llevado esa culpa. Estás tan enfocado en castigarte que no ves que esa actitud es la que precisamente te impide acercarte a ellos.

El preso sintió cómo esas palabras le sacudían por dentro. La realidad y el peso que contenían le ayudaron a disipar la neblina de autocrítica y autodesprecio en la que se encontraba. El desconocido se acercó a la escalera y, antes de empezar a subir, le echó un último vistazo y le dijo:

—Si te das cuenta, cuando yo me caí en tu hoyo, sentí culpa dos veces. La primera por caerme y la segunda por haberte asustado. En el primer caso saqué un aprendizaje: «Esto me pasa por no estar pendiente de mirar el suelo por el que camino». En el segundo, asumí mi responsabilidad e hice algo por reparar la situación: «Siento mucho haberte asustado, no era mi intención». Ahora que mi trabajo aquí ha terminado, me voy. Si crees que estás listo para seguir con tu vida, tú también puedes venir.

Espero que este relato te haya ayudado a dar el último empujón que necesitabas. Antes de empezar, no obstante, debes tener en cuenta que:

- **Reducir tu culpa no te va a llevar a ser una persona irresponsable e ignorante.** Comprende que ni puedes controlar todo lo que sucede ni todo lo que sucede depende de ti. Solo puedes, y debes, responsabilizarte de tus acciones, no de las de los demás. No por eso eres irresponsable o ignorante. Que tengas la capacidad de empatizar con las situaciones o las emociones de los otros no significa que debas responsabilizarte de ellas.
- **Reducir tu culpa requiere hacer las paces contigo misma y perdonarte.** Por mucho que los demás acepten tus disculpas y te perdonen, si ni siquiera tu misma eres capaz de perdonarte, puedes pasarte toda tu vida viviendo bajo el peso de la culpa y los errores cometidos. Tienes que ser indulgente contigo misma, sobre todo cuando no ha habido una intención explícita de daño y se ha realizado una conducta reparatoria. Y, si además fue otra persona la que te hizo creer que eras culpable cuando realmente no lo eras, más importante aún es que te perdones. El perdón nos permite avanzar, la culpa nos ancla en el pasado en el que surgió.
- **Reducir tu culpa implica experimentar aquellas sensaciones de las que huyes siempre.** Tu culpa quiere protegerte de la decepción externa y, como siempre es más fácil lo conocido que lo desconocido, al principio puede resultarte todo un reto evitar culparte en exceso o reducir su intensidad. Si, por ejemplo, estás acostumbrada a dejar cualquier cosa que estás haciendo cuando una amiga te dice que está triste, el día que decidas mandarle un mensaje y decirle que «ahora no puedo llamarte, pero lo haré cuando llegue a casa», tienes que saber que puedes llegar a sentirte terriblemente mal. Pero eso no significa que te hayas equivocado, lo hayas hecho mal o seas culpable, sino que no estás acostumbrada a actuar de esa manera y, por tanto, sientes ese malestar.

Identifica al verdadero culpable

Como algunas emociones comparten sensaciones parecidas a la culpa, podemos estar confundiendo al verdadero «culpable». Cuando surja la culpa, puedes hacerte las siguientes preguntas para identificar si realmente esa es la emoción que estás sintiendo o, por el contrario, es otra.

Tristeza
¿Necesitas ayuda o estás viviendo algo doloroso?

Ansiedad
¿Estás lidiando con mucho estrés últimamente?

Frustración
¿Te has encontrado con algún obstáculo?

Impotencia
¿Sientes que no puedes alcanzar lo que quieres?

En definitiva, aunque la culpa sea una emoción desagradable, nos ayuda a reparar los errores y aprender de las situaciones. No obstante, cuando se convierte en un hábito automático y vive diariamente con nosotras, deja de ser una brújula y se vuelve una cadena. **Nadie merece vivir encadenado a algo que lo hace sentirse pequeño.**

Quizá en algún momento no actuaste de la mejor manera, pero yo, tu hermana, tu padre y cualquier otra persona tampoco lo hizo. Nadie es perfecto. Hiciste lo que pudiste con lo que sabías, sentías y tenías en ese instante. Y eso, por más imperfecto que haya sido, también merece comprensión y compasión. Por eso quiero recordarte que **tú no eres tu culpa**, eres mucho más: tus cualidades, habilidades, valores, sueños, metas, gustos, etc. Y no estás sola: **todos estamos aprendiendo a perdonarnos mientras vivimos**.

Espero que todo lo que has visto hasta ahora te haya ayudado a adquirir más conocimientos y recursos para entender y gestionar mejor esas partes de tu «mundo interno» (autoestima, sentido vital, pensamientos intrusivos, mecanismos de defensa, ansiedad y emociones). A continuación, nos centraremos en aquellas que están más relacionadas con tu forma de trabajar y tu entorno laboral.

La mejor manera de trabajar sin quemarnos en el intento

La trampa de la productividad

¿Qué nos han enseñado desde muy pequeñas? Que tenemos unas expectativas que cumplir y que no podemos decepcionar a los demás. **¿Qué nos han inculcado en el colegio?** Que debemos estar continuamente esforzándonos para crear nuestra mejor versión y que tenemos que demostrarlo con nuestros resultados. **¿Qué aprendimos cuando terminamos nuestros estudios?** Que no podemos relajarnos porque nuestro futuro está a la vuelta de la esquina y que, cuantas más formaciones tengamos en nuestro currículum, más valoradas seremos. **¿Qué mensaje nos ha transmitido la sociedad?** Que trabajar duro y a cualquier precio es la clave para alcanzar el éxito y el reconocimiento. **¿Y qué nos encontramos cuando empezamos a trabajar?** Que tenemos que seguir siendo productivas para demostrar que merecemos el puesto en el que estamos y que todas esas profecías que nos prometieron sobre el triunfo, la gratificación y la estabilidad laboral todavía no se han cumplido.

Es muy fácil caer en la **trampa de la productividad** cuando todo lo que has aprendido a lo largo de tu vida te ha reconducido a ese camino. Parece que si no estás ocupada las veinticuatro horas del día no te estás esforzando lo suficiente, eres una vaga o te falta ambición. Y solo hace falta echar un vistazo a las redes sociales para darse cuenta de que incluso ese espacio ha sido inundado por la **cultura del ajetreo y del éxito**. Si no te sientes feliz con tu trabajo actual y cuando abres tu red social ves que tu antigua compañera de carrera ha compartido una historia sobre lo contenta que está en su trabajo, puedes **pensar que no te has esforzado lo suficiente**. O, si no te ha dado tiempo a hacer todo lo que querías y ves que otra persona ha compartido todo lo que ha hecho, puedes acabar **culpándote por no haber «aprovechado» tu día** de la misma manera.

Como nadie suele mostrar sus «fracasos», las decisiones que salieron mal o los días «improductivos», voy a compartir contigo algunos de los míos. No supe qué quería estudiar hasta el último momento, incluso no escogí la asignatura de Psicología cuando tuve la oportunidad en el colegio. En mi segundo año de carrera, suspendí siete asignaturas de diez (no estaba en mi mejor momento). A pesar de que conseguí hacerme un hueco por mi cuenta como autónoma, previamente fui rechazada en numerosas entrevistas de trabajo. Aunque diariamente tengo muchas tareas que hacer, a veces no consigo llevar a cabo ni una. Y, para que tú estés leyendo ahora mismo este libro, he tenido que pasar por días en los que no me he despegado de la pantalla del ordenador, pero también ha habido otros en los que no he escrito nada o, si lo hacía, no me gustaba lo suficiente como para mantenerlo.

EJERCICIO

Ahora te toca a ti. Piensa en todas las cosas que has hecho en esta última semana y contesta a estas preguntas:

¿Cuáles consideras que fueron productivas? ⇦ ⇨ ¿Y cuáles crees que no lo fueron?

Es posible que **asocies la productividad con las tareas del trabajo y del hogar**, con todo lo que esté relacionado con aprender, o incluso con el número de actividades que eres capaz de hacer. En cambio, puede que para ti el ocio, **el descanso o el autocuidado** sean actividades que **no son nada productivas**.

Por mucho que te hayan enseñado que esta es la realidad que debes aceptar y que «las cosas son como son», no tiene por qué ser cierto. Solo porque tengas el conocimiento y la capacidad de hacer ciertas cosas no significa que debas estar constantemente haciéndolas. Y solo porque los días tengan veinticuatro horas no significa que debas estar ocupando todo ese tiempo. Lo que te gusta, o lo que necesitas, no tiene por qué ser «productivo» ni debe ser elogiado por nadie.

Estás tan acostumbrada a vivir bajo un constante estado de estrés que apenas eres consciente de las señales que te manda tu cuerpo. Eso le pasaba a mi amigo David: tenía una agenda tan apretada que, cuando estaba ocioso, no se sentía bien. Le abordaba la necesidad urgente de hacer algo. Si tu sistema nervioso se ha habituado a estar en alerta, parar el ritmo y no hacer nada puede ser todo un reto, porque implicaría **desactivar ese sistema que tanto te ha acompañado para pasar a un estado que es más desconocido**. Es como si te hubieras estado toda tu vida corriendo y ahora te dijeran que lo has hecho mal y que tienes que ir andando.

Debes entender que el descanso, el ocio y el autocuidado no son recompensas. **Son necesidades y no hay que «ganárselas».** Recuerda que la vida no es sinónimo de sacrificio, debe tener un sentido más allá de lo productivo para que podamos disfrutar de ella. Tienes que descansar porque lo necesitas, tienes que quedar con tus amigas porque eso te hace feliz y tienes que cuidarte y ponerte límites a ti misma porque, si no lo haces tú, no lo va a hacer nadie. Si das rienda suelta a tu productividad, esta solo te va a pedir **más productividad**. Por eso se dice que es una «trampa». Como sabe lo que has sido capaz de conseguir, nunca se va a conformar con menos, y nada de lo que lleves a cabo será suficiente: **siempre habrá una nueva meta que cumplir**.

Este discurso de la productividad, sin embargo, se cae por su propio peso: al igual que, cuando entrenas tus músculos, estos necesitan un descanso para recuperarse, con tu cuerpo y con tu mente sucede lo mismo. Si siempre estás haciendo cosas, tu cerebro acabará agotándose y tu rendimiento disminuirá. Y **cansarse hoy para mañana estar quemada, no tiene sentido**, ni es justo.

EJERCICIO

Regresa al ejercicio anterior y observa aquello que etiquetaste como «actividades no productivas». Esta vez, vamos a valorar los beneficios que te han podido aportar cada una de ellas, por ejemplo:

Dormir la siesta	→	**Recuperar energía**
Ver una película	→	**Despejar la mente y disfrutar**

Si tras leer estas páginas te preguntas cómo puedes ser productiva, sin caer en su trampa y acabar completamente agotada, podemos empezar aprendiendo algunos métodos para organizar tus tareas y distribuir tu tiempo de una manera más eficaz.

Revisemos tu agenda para organizar tus tareas y distribuir tu tiempo

Si tu agenda no para de crecer, «reciclas» algunas de las tareas durante días o semanas, hacerlas te supone un gran esfuerzo o el simple hecho de pensar por dónde empezar te genera ansiedad, puede que lo que necesites **es aprender a organizarlas y distribuir tu tiempo** eficazmente.

Solemos pensar que organizarnos es simplemente el acto de apuntar todas las tareas en una hoja, pero eso solo es el recordatorio de lo que tienes que hacer. Lo importante es cómo distribuyes y planificas eso que has escrito. De hecho, diversos estudios, como el de Roster y Ferrari, han demostrado que **la desorganización puede disminuir el grado de bienestar**, la percepción del control y la sensación de seguridad, pero **también puede aumentar el agotamiento** y la ansiedad. Si, además de eso, tenemos en cuenta las exigencias de tu jefe, las interrupciones de tus compañeros, los plazos y los imprevistos que surgen diariamente en tu trabajo, **es inevitable que acabes quemándote**. Como el *burnout* es el resultado de un estado de estrés y agotamiento prolongado, será fundamental que tengas una buena distribución de tu tiempo.

Piensa que siempre habrá tareas que realizar, pero no se pueden resolver todas a la vez, ni tampoco todas las maneras de proceder van a ser las más eficaces. Si te obsesionas con la enormidad de tus tareas, tal vez pierdas la dirección y toda tu concentración. Por eso, tener **un plan de ejecución puede ser tu salvavidas** en medio de esa marea.

PASO 1
Identifica y explica claramente tus tareas

Para ponerte en contexto y que sea lo más realista posible, imagínate que estás entrando por la puerta de tu trabajo. Todavía estás desvelándote y haciéndote a la idea de que tienes que empezar a trabajar cuando empiezan a llegar los primeros correos electrónicos a tu bandeja de entrada. También tienes algunos proyectos importantes que requieren tu máxima atención y otras nuevas tareas que tu jefe te ha pedido que hagas cuanto antes.

¡Que no cunda el pánico! En estas páginas vamos a ver **cómo puedes organizarlas y distribuir tu tiempo**. Antes de continuar, no te olvides de coger un papel para escribir todas esas tareas (pendientes, actuales y próximas) que debes hacer en tu trabajo y de aplicar los siguientes pasos.

PASO 2
Clasifícalas según su urgencia e importancia

Como no dispones más que de dos manos, un cerebro y veinticuatro horas diarias, necesitas ordenar y priorizar las tareas que acabas de escribir, en función de su importancia y urgencia. Una manera de hacerlo es usando la **matriz de Eisenhower**.

Este método, propuesto por Stephen Covey, te permite **dividir tus tareas en cuatro categorías**: las que necesitas realizar primero, las que puedes programar para más tarde, las que puedes delegar o agendar y las que puedes dejar para lo último o, incluso, eliminar.

	Urgente	No urgente
Importante	**PRIORIZA Y ACTÚA** Tareas para realizar primero. **Ejemplo:** Entregar un proyecto, preparar la reunión de mañana, responder los correos electrónicos de los clientes y de mi jefe.	**PLANIFICA Y PROGRAMA** Tareas para más adelante. **Ejemplo:** Registrarme en el curso que me mandaron, aprender a usar el nuevo programa de la empresa, empezar a preparar el proyecto del mes que viene.
No importante	**DELEGA O AGENDA** Tareas que corresponden a otra persona o son grupales. **Ejemplo:** Peticiones de otros compañeros, tareas relacionadas con otro puesto, proyectos grupales.	**IGNORA O ELIMINA** Tareas que puedes dejar para lo último o, incluso, eliminar. **Ejemplo:** Pormenores y trivialidades del trabajo, organizar los correos de la bandeja de no deseados, tareas no necesarias o autoimpuestas.

Esta matriz te indica que dedicar tiempo a las **tareas de la parte superior es la acción más sensata y eficiente**. Por el contrario, dedicar mucho tiempo a las tareas de la parte inferior puede ser contraproducente, porque te distraen de lo más importante.

Algunos consejos extra

- Puedes usar subrayadores de distintos colores para visualizar las tareas en función de su nivel de prioridad y urgencia.
- Si sientes que tu matriz te abruma porque tienes muchas tareas escritas, puedes hacer dos: una para tus tareas pendientes y otra para las actuales o próximas.

PASO 3
Planifica y programa tus tareas

Como establecer prioridades no es suficiente, necesitas **planificar y programar tus tareas en una línea de tiempo**. De esta manera, cuando pienses en todas esas tareas, no surgirá esa ansiedad anticipatoria, porque ya te habrás asegurado de disponer de los huecos necesarios para hacerlas. Sin embargo, antes de empezar, debes tener en cuenta lo siguiente:

- Por lo general, tu rendimiento es más bajo nada más comenzar tu jornada, porque todavía estás en esa primera «toma de contacto».
- A lo largo de la jornada tu rendimiento aumenta. No obstante, con el paso del tiempo y por la inevitable aparición de la fatiga, el rendimiento desciende.

Moraleja: identificar esos momentos no solo es fundamental para que los tengas en cuenta en tu planificación y los aproveches al máximo, sino también para que determines cuáles van a ser las tareas más adecuadas que puedes hacer ahí.

PREGUNTAS

- ¿Cuándo crees que trabajas mejor: por la mañana, al mediodía o por la tarde?
- ¿Te resultaría más fácil identificarlo en horas?
- ¿Lo asocias más a algunos momentos en concreto?
- ¿Quizá tras la reunión de la mañana o tras la pausa del café?

Una vez que has reconocido cuáles son los momentos en los que tu rendimiento es más alto, **puedes aprovechar esos huecos** para realizar las tareas que clasificaste como urgentes e importantes en la fase anterior. Y **si puedes hacerlas cuanto antes, mejor**.

Solemos posponer lo máximo posible aquellas tareas que, aun siendo urgentes e importantes, las consideramos desagradables, repetitivas o «pesadas». **Dejarlas para el último momento**, sin embargo, **cuando tu rendimiento y tu atención han disminuido** considerablemente, **es contraproducente**. Como formula el autor best seller y experto motivacional Brian Tracy en su método de organización *Eat the Frog*, el cual se inspira en una cita del escritor Mark Twain, lo ideal sería hacer este tipo de tareas primero, porque es cuando más energías tienes y más despejada está tu mente. Así, una vez hechas, no sientes ese agobio de fondo al pensar en ellas y tienes el resto de tu tiempo disponible para hacer las tareas que te faltan.

> Si tu trabajo es comer una rana, lo mejor es hacerlo a primera hora de la mañana. Y, si tu trabajo es comer dos ranas, lo mejor es comer primero la más grande.
>
> MARK TWAIN

Teniendo en cuenta esto, ya puedes **empezar a planificar y programar tus tareas**. Te dejo algunos consejos que pueden ayudarte:

- Es mejor que hagas una **planificación diaria**, pero no pasa nada si la dejas hecha desde el día anterior. Planificar una semana entera «a lo grande» es un error: pueden surgir otras variables que no has tenido en cuenta y que desbaratarán toda tu preciada organización.
- Ten en cuenta tus **tiempos de máximo rendimiento** y aprovéchalos adecuadamente.
- **No planifiques más del 70 % de tu tiempo:** deja el 30 % restante libre para los posibles imprevistos que puedan surgir.
- **Sé realista al asignar tiempos concretos a tus actividades.** Si este es escaso, puede generarte más estrés y desajustar el resto de tu agenda y, si este es excesivo, esa tarea puede llegar a ocupar todo tu tiempo. Así que, cuando hagas una estimación de tiempo, súmale un 50 %. Si crees que una tarea te llevará una hora, pon hora y media; y, si crees que podrían ser dos horas, ponle tres; etc.
- **Usa aplicaciones** (por ejemplo, Google Calendar) que puedan ser de ayuda para «bloquear» tiempos específicos para tus tareas.
- **Agrupa tareas similares.** Eso «gasta» menos energía mental y mejora la eficiencia al no tener que estar cambiando constantemente de enfoque y atención.

PASO 4
No te excedas: ten en cuenta tus ritmos y proporciónate descansos

¿Conoces el cuento de los dos leñadores? Nos narra la historia de dos leñadores que iban todos los días a talar madera: uno muy joven y otro más mayor. Como el joven se dio cuenta de que el mayor siempre terminaba su jornada con más madera que él, decidió madrugar mucho los próximos días para intentar superarlo. Cuando terminó la semana, completamente agotado por haber dormido menos y haberse esforzado más, se dio cuenta de que, aun así, no había conseguido talar más troncos que el leñador mayor.

PREGUNTAS

- ¿Qué crees que ha pasado?
- ¿Cómo ha podido conseguir mucha más madera el leñador mayor si ha trabajado menos horas que el joven?

El leñador mayor era muy consciente de que los resultados más eficaces no se consiguen trabajando hasta la extenuación, porque **el rendimiento y la energía descienden cuando el tiempo invertido es excesivo**. Además, se conocía tan bien a sí mismo que sabía cuál era el intervalo de horas en el que más rendía. Por eso solo iba a trabajar en un horario en concreto, y el resto de las horas las aprovechaba para cuidar su alimentación, descansar adecuadamente y afilar su preciada hacha.

Así, cada vez que salía de su casa para iniciar su jornada laboral, lo hacía con las energías renovadas, el cuerpo descansado y la mente despejada. Y, como pensó que afilar el hacha le ayudaría a alcanzar sus objetivos, logró mejorar su eficacia al talar y evadir el agotamiento cuando llegaba a casa.

Esta historia nos enseña que identificar los momentos en los que rendimos mejor es importante, pero también lo es **escuchar lo que nuestro cuerpo** nos pide, **respetar sus ritmos** y **proporcionarnos los descansos** adecuados.

Para que no te suceda lo mismo que al leñador joven, ten en cuenta lo siguiente:

- Tu cerebro solo puede trabajar al máximo rendimiento durante un tiempo limitado.
- Estos picos de rendimiento y concentración suelen durar entre noventa y ciento veinte minutos aproximadamente.
- Después de ese tiempo, el rendimiento y la concentración empiezan a ralentizarse y no puedes trabajar igual porque tu atención disminuye.

- En este punto, tu cerebro debe recuperarse, por lo que necesita un descanso de la actividad que estás haciendo. Como mínimo, debería ser de unos veinte minutos.
- Tras ese descanso, el proceso se reinicia.

Fue Kleitman, investigador y fisiólogo estadounidense, el que planteó esta teoría, que denominó «ritmos ultradianos».

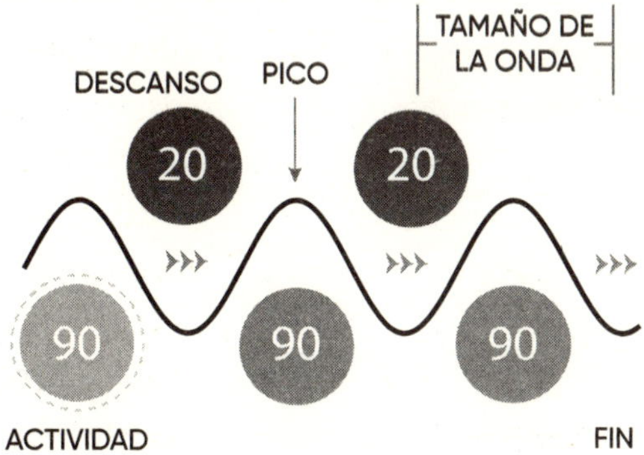

Como se aprecia, **tu energía y tu atención no son ilimitadas**. Necesitas descansar para evitar que el rendimiento disminuya y que llegues al agotamiento. Pero también es fundamental que adaptes las tareas a tus ritmos y a los momentos adecuados, porque cada una te va a exigir una cantidad de energía diferente.

Recuerda, asimismo, que un **mayor número de horas de trabajo no equivale necesariamente a un mayor rendimiento**. Si tu cuerpo y tu mente te piden un descanso, dáselo, aunque solo sea para ir al baño o rellenar tu botella de agua. Ellos te lo agradecerán y tu rendimiento y bienestar también.

PASO 5
Identifica y controla los «ladrones de tiempo»

Los «ladrones de tiempo» son todos esos factores que entorpecen tus plazos de trabajo, reclaman tu atención e influyen negativamente en tu rendimiento. Pueden ser **internos**, como la complacencia o el perfeccionismo, o **externos**, como las interrupciones de tus compañeros o las condiciones de tu ambiente de trabajo.

Identificarlos es esencial para que puedas desarrollar las estrategias de afrontamiento que necesitas para cada una de esas situaciones. Por ello, tanto si trabajas en remoto desde casa como si lo haces en una oficina o en otro tipo de establecimiento, estas preguntas te ayudarán a pensar cómo hacer modificaciones en tu entorno laboral:

PREGUNTAS

- ¿Qué condiciones o estímulos de tu ambiente de trabajo favorecen tu desempeño? ¿Cuáles lo perjudican o entorpecen?
- ¿Crees que la iluminación, la ventilación y la temperatura de tu puesto de trabajo son las adecuadas?
- Si tienes la opción de elegir tu atuendo, ¿con qué tipos de ropa te sientes más cómoda?
- ¿Te resulta más fácil concentrarte escuchando música o conversaciones de fondo? ¿Prefieres el silencio y usar tapones para evitar el ruido?
- ¿Sientes que rindes mejor cuando estás sola o cuando estás rodeada de otras personas que también están trabajando?
- ¿Necesitas tener el teléfono lejos o en silencio? ¿O no es una distracción?
- ¿Eres capaz de continuar con lo que estabas haciendo cuando un compañero te interrumpe? ¿Necesitarías decirle que estás ocupada en ese momento?

PASO 6
Evalúa periódicamente tu planificación y los resultados obtenidos

Esto implica analizar la planificación que estás siguiendo y los resultados generados de vez en cuando, por si necesitas **introducir mejorías o ajustar la distribución del tiempo y de tus tareas**:

- Revisa tu matriz, por si la urgencia de tus tareas hubiera cambiado. No olvides introducir las nuevas que vayas teniendo.
- Determina si los momentos y los tiempos que has escogido para realizar tus tareas son los adecuados.
- Valora si te das los descansos necesarios o necesitas más.
- Haz una evaluación de los pasos anteriores y sus resultados.

Por último, quiero que sepas que, aunque todas estas recomendaciones que acabas de leer hacen referencia al ámbito laboral, eso **no significa que tengas que dejar de lado tu vida personal**. De hecho, te sugiero que apliques estas indicaciones en el resto de las áreas de tu vida para que no olvides que **el descanso y el ocio también son urgentes** e importantes.

Cómo gestionar los problemas en el trabajo

Raquel, 33
Publicista

Se acerca la fecha para presentar el proyecto y la pasividad de mis compañeros me preocupa. Como no se pongan en serio, todos saldremos perjudicados.

Nos cambian de salas cada dos por tres, nos faltan recursos para poder atender adecuadamente y la mayoría de camillas y monitores están rotos o no funcionan muy bien. ¡No sabemos qué decir cuando los pacientes se quejan!

Manuel, 48
Enfermero

Como pasamos tantas horas en el trabajo, **es inevitable que en algún momento surjan problemas**. Es un hecho del que nadie se escapa. Menos aún en un ambiente en el que el estrés está tan presente y en el que tenemos que relacionarnos y trabajar, codo con codo, con personas cuyas personalidades, conductas, valores, intereses u objetivos pueden ser completamente opuestos a los nuestros.

Los problemas forman parte de la vida e, ineludiblemente, van a aparecer en todas nuestras áreas. Cuando se dan **en el ámbito laboral, pueden observarse de muchas maneras**: mala comunicación, falta de trabajo en equipo, compañeros o jefes «tóxicos», competitividad entre trabajadores, choques de personalidad o valores, escasez de recursos, distribución deficiente de tareas o tareas ambiguas, falta de directrices, etc.

Si leyendo el párrafo anterior has sentido malestar, tu cuerpo se ha puesto tenso o se te ha formado un nudo en tu garganta, es probable que algunas de esas situaciones formen parte de tu **ámbito laboral**. Si es así, quiero que sepas que siento mucho que estés teniendo que lidiar con ese tipo de circunstancias, pero **tu bienestar depende en gran parte de cómo las afrontes**. Para ello, vamos a tomar como referencia, paso a paso, la **técnica de resolución de problemas** de D'Zurilla y Goldfried.

PASO 1
Orientación positiva hacia el problema

El primer paso para resolver un problema consiste en **tener una actitud abierta** frente a él. Puede que te resulte confuso o ilógico, sobre todo cuando estos te generan tanto malestar, pero hay una explicación. Las actitudes, creencias y pensamientos que tienes hacia los problemas pueden facilitar o dificultar tus posibilidades de resolverlos. Si te centras en la inmensidad del problema, **tu foco no estará puesto en la solución, sino en la dificultad**. Esto, a la larga, te puede llevar a adoptar una actitud de indefensión e inmovilización frente a ellos.

Esa incomodidad que te generan, por tanto, puedes verla como la **señal que te anima a movilizarte para buscar el cambio** o la solución que necesitas. Pensar en las habilidades que aprenderás y los resultados que conseguirás puede ser otra manera de orientar positivamente el problema.

PASO 2
Define e identifica el problema

Es probable que, si piensas en tus problemas actuales, reconozcas más de uno. Al igual que no podemos hacer todas las tareas a la vez, tampoco podemos resolver todos los problemas al mismo tiempo. Una vez que hayas aprendido esta técnica y la hayas puesto en marcha, podrás realizarla tantas veces como problemas hayas identificado.

Ahora **quiero que pienses en un problema**, el más reciente que se te ocurra o el primero que te venga a la mente. Al igual que antes, desarrollamos todos los pasos en un papel.

PREGUNTAS

- ¿Cuál es el problema?
- ¿Qué personas están involucradas? ¿De qué manera?
- ¿Cuándo, dónde y cómo surgió?
- ¿Cuál es su alcance? ¿De qué manera te está afectando?
- ¿Cuánto de urgente e importante es que se resuelva?
- ¿Qué consecuencias mayores podría tener a largo plazo?

PASO 3
Piensa en todas las soluciones que se te ocurran

Se trata de hacer una **«lluvia de ideas» de las posibles soluciones** que pueden resolver el problema. No descartes ninguna idea, por muy descabellada que te parezca, ya analizarás después su validez y efectividad. En este paso **importa más la cantidad de soluciones que su calidad**. Por tanto, deja volar tu creatividad e imaginación y escribe en un papel todas las que se te ocurran.

PASO 4
Determina cuál es la solución más eficaz

Con tu lista de «posibles soluciones» en la mano, ahora tienes que **eliminar** las que consideras que no son válidas ni efectivas, **modificar o combinar** aquellas que puedan servirte, **elegir** la que consideres que es mejor y **guardar otras** que te hayan parecido útiles por si las necesitases en un futuro. Contesta a estas preguntas y haz el análisis DAFO.

PREGUNTAS

- ¿Es realista y soy capaz de llevarla a la práctica?
- ¿Necesito ajustarla o introducir algún cambio?
- ¿Me puedo comprometer a hacerla?
- ¿Cuento con los recursos necesarios?

- ¿Dispongo del tiempo suficiente para hacerla?
- ¿La puedo implementar por mi cuenta? ¿Requiere de la participación de otros?
- ¿Qué consecuencias creo que tendrá a corto, medio y largo plazo?
- ¿Las consecuencias que he previsto pueden solucionar el problema?

La matriz DAFO, planteada por Albert S. Humphrey y acrónimo de **«debilidades, amenazas, fortalezas y oportunidades»**, es una herramienta muy útil para buscar soluciones a los problemas, porque nos permite analizar las posibilidades y limitaciones de cada una de ellas e identificar cuál es la alternativa más eficaz que hay que seguir.

	Positivo	Negativo
Origen interno	**FORTALEZAS** ¿Me veo capaz de llevar a cabo esta solución? ¿Qué cualidades tengo que juegan a mi favor? **Ejemplo:** me veo capaz de realizar esta solución; ser amable, empática y cercana puede ser un gran apoyo.	**DEBILIDADES** ¿Qué dificultades puedo esperar? ¿Cómo puedo gestionarlas para llevar a la práctica esa solución? **Ejemplo:** mi dificultad para decir «no» tal vez sea un gran obstáculo, pero podría prepararme algunas de las posibles contestaciones que puedo dar.
Origen externo	**OPORTUNIDADES** ¿Qué circunstancias de mi entorno suponen una ventaja? ¿Cómo influyen en la solución y cómo puedo aprovecharlas? **Ejemplo:** soy consciente de que a mi compañera Ana también le favorecería que este problema se resolviera, así que las dos podríamos analizar juntas la solución que se me ha ocurrido.	**AMENAZAS** ¿Qué circunstancias de mi entorno suponen una desventaja? ¿Cómo influyen en la solución y cómo puedo manejarlas? **Ejemplo:** la actitud de mi compañero Juan puede ser un problema para la solución que he pensado, así que tengo que estar dispuesta a poner límites.

PASO 5
Lleva a cabo la solución escogida

Una vez que te has decantado por la solución que consideras más adecuada, es el momento de reunir los recursos que necesitas para ponerla en marcha. Para que te resulte más fácil, puedes elaborar un **plan de acción** a partir del siguiente guion:

- **Solución escogida:** ¿Qué voy a hacer?
- **Personas implicadas** (si las hay): ¿Para quién o con quién?
- **Implementación:** ¿Cómo voy a hacerlo?
- **Temporalización:** ¿Cuándo lo haré?
- **Localización:** ¿Dónde voy a hacerlo?
- **Recursos:** ¿Con qué puedo hacerlo?

PASO 6
Verifica los resultados

Tras aplicar la solución, es necesario **evaluar y verificar los resultados** obtenidos para valorar hasta qué punto se ha solventado el problema y si se ha conseguido lo que se había previsto.

- **Si sale como esperabas.** Mereces celebrarlo y sentirte orgullosa del trabajo que has realizado. Esto es fundamental para fortalecer las habilidades que acabas de aprender y mejorar la percepción que tienes de ti misma y de tu capacidad para gestionar los problemas.
- **Si no sale como esperabas.** Dispones de tres opciones: revisa la fase anterior y realiza los cambios o ajustes que consideres oportunos; cambia la solución escogida por otra de las que te guardaste en el cuarto paso; o empieza de nuevo por el primer paso. Recuerda que siempre tienes la opción de pedir ayuda. Si crees que alguien puede ser un apoyo, no te niegues esa oportunidad.

Una de las **limitaciones** que te puedes encontrar al usar esta herramienta surge cuando eres consciente de que tu problema es otra persona o **la solución no depende de ti**, porque no te corresponde o no tienes los medios necesarios y la posición adecuada para resolverlo. En este caso, puedes comunicar lo que está pasando a quien corresponda y reflexionar sobre lo que podrías hacer para protegerte de esa situación.

Si aun así sientes que es injusto que tengas que estar lidiando con ese tipo de situaciones que no te corresponden (y te doy toda la razón), me encantará ayudarte a gestionar esto cuando hablemos de los **«vampiros energéticos»** del trabajo y de los límites personales. Por otra parte, quizá te encuentres con otro «muro» en el camino que no dependa tanto de los demás, sino más bien de ti misma, como lo son tus expectativas laborales.

Ajustemos tus expectativas laborales

> Todos somos unos genios. Pero, si decidimos juzgar a un pez por su capacidad para trepar un árbol, pasará toda la vida creyendo que es un estúpido.
>
> ALBERT EINSTEIN

Las expectativas son un arma de doble filo: **a veces nos impulsan** hacia lo más alto y **nos alientan; y, otras veces, nos hunden** hacia el fondo y **nos frustran**. El mundo está lleno de expectativas: las que los demás tienen de ti, las que tú tienes de ellos, las que tienes de cada una de tus áreas e, incluso, las que tienes de ti misma.

Estas expectativas **suelen ser extremistas**: o esperamos mucho, o no esperamos nada. De hecho, ¿cuántas veces te has castigado por no alcanzarlas sin haber valorado antes lo realistas que eran? ¿Cuántas veces no has esperado nada más que no fuera que los días pasaran? ¿O cuántas veces has tirado la toalla por tu falta de confianza o por ser demasiado exigente contigo misma?

Todas estas posibilidades, esperanzas o supuestos van a determinar, de manera consciente o inconsciente, **tu forma de comportarte y de relacionarte** con los demás, pero también condicionarán **la manera en la que te ves** (autoestima), **hablas** (diálogo interno) y **percibes** (cualidades y habilidades).

Como ningún ámbito está exento de que surjan estas expectativas, ¿te haces una idea de aquellas que están presentes en tu trabajo y de las repercusiones que tienen en ti y en tu forma de trabajar?

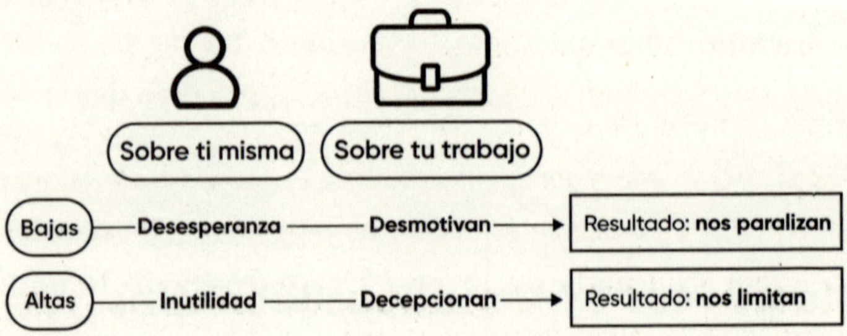

Visualízate sentada en un coche en medio de una carretera. Tienes un copiloto al lado (que personifica tu diálogo interno), un bidón de gasolina (que representa las expectativas que tienes en ti) y un destino al que llegar (que simboliza las expectativas que has puesto en tu trabajo):

- **Si las expectativas sobre ti misma son bajas** (dispones de muy poca gasolina), lo más probable es que no llegues muy lejos en esa carretera y que no alcances tu destino. Tu copiloto empezará a decirte que no posees las habilidades necesarias para resolverlo y que, igualmente, no merece la pena que te esfuerces por llegar a un destino que ni siquiera te ilusiona. Sus comentarios te impiden valorar tu persona y también tu capacidad de actuación, como, por ejemplo, comprobar si hay una gasolinera cerca a la que puedas llegar andando. También te impiden ver lo que eres capaz de conseguir, como llegar a tu destino y demostrar qué puedes hacer ahí.

- **Si tus expectativas sobre ti misma son altas** (tienes mucha gasolina), lo más probable es que te pongas un destino tan inalcanzable y lejano que, antes de llegar, la gasolina se agote o el coche se estropee por exigirle más de lo que este te puede dar. Tu copiloto empezará a decirte que eres una inútil, que tienes que ser capaz de resolverlo y que, además, debes llegar a tu destino. Sus palabras te exigen demasiado y dañan tu persona y tu capacidad de actuación, como llamarte «inútil» por no saber arreglar el coche, cuando no eres mecánica. También te impiden ver que lo que quieres conseguir no es realista, como llegar a un destino que está a miles de kilómetros de distancia, cuando hay otros antes que son más factibles de alcanzar.

Además, a pesar de que consiguieses llegar a tu aclamado destino, podrías decepcionarte si ves que nadie se acerca para darte la bienvenida o agradecerte el esfuerzo que pusiste en llegar hasta ahí, lo que puede **hacerte creer que nada de lo que hiciste mereció la pena**. Porque las expectativas altas no solo abarcan a tu persona, sino también al resto, quienes igualmente pueden decepcionarte si no responden o actúan de la manera que esperabas.

¿Qué expectativas tienes de ti misma? ¿Muy bajas? ¿O muy altas? ¿No esperas nada de ti y te infravaloras? ¿Esperas demasiado de ti y te machacas?

¿Qué expectativas has depositado en tu trabajo? ¿Muy bajas? ¿O muy altas? ¿No tienes ninguna que cumplir y no esperas que se reconozca tu trabajo? ¿Son demasiado difíciles de cumplir y siempre esperas que se admire o re compense tu trabajo?

¿Qué papel crees que está teniendo tu diálogo interno en esas expectativas? ¿Qué creencias albergas sobre ti misma? ¿Qué creencias tienes sobre tu trabajo o sobre tu posición en este?

Ser consciente de tus expectativas puede hacer que te preguntes de qué dependen y cómo puedes controlarlas. No obstante, tienes que comprender que las **expectativas** no surgen por pulsar «un botón», sino que son el **resultado de mezclar varios factores y ver hacia qué lado se inclina la balanza**.

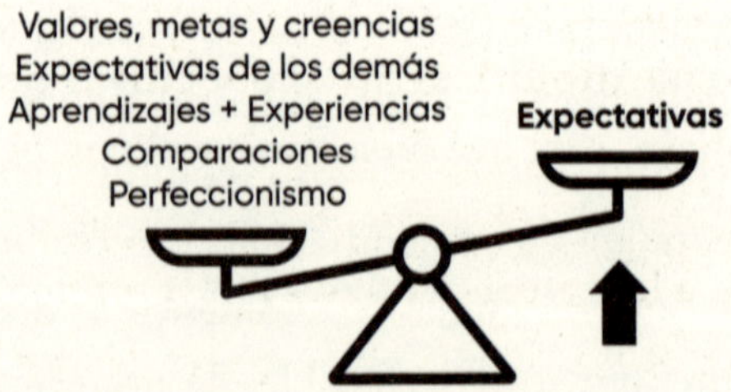

Esta era la balanza de Lidia, una periodista de treinta y seis años, cuyas expectativas de sí misma y de su trabajo eran las siguientes: «Ser la mejor y la más inteligente de mi sector»; «Trabajar rápido y no cometer errores»; «Alcanzar el puesto más alto y el reconocimiento de mi jefe». Para descubrir la raíz de esas expectativas tan altas, pusimos el foco en su historia vital y descubrimos lo siguiente:

- **Perfeccionismo.** La educación que recibió en su casa y en el colegio fue muy rígida y exigente. Siempre tenía que dar su mejor versión y superarse continuamente.
- **Comparaciones.** Le hicieron creer que siempre había alguien que era mejor que ella, o que debía ser como esa persona para ser valorada y conseguir éxito.
- **Aprendizajes y experiencias.** Las experiencias previas que tuvo reforzaron la creencia de que, cuando conseguía grandes resultados, era vista y elogiada.
- **Expectativas de los demás.** Como le habían dicho tantas veces lo que esperaban de ella, sin darse cuenta mezcló las expectativas de los demás con las suyas.
- **Valores, metas y creencias.** El resultado de todo lo anterior se observaba en sus valores, metas y creencias, las cuales giraban

en torno a la productividad, la superación, el éxito, el sacrificio personal y el miedo a fracasar y decepcionar a los demás.

Aunque Lidia no podía controlar o cambiar las expectativas que los demás proyectaban sobre ella y las experiencias que había vivido, sí que comprendió de qué manera le habían influido. Ese fue el punto de partida para empezar a reducir su autoexigencia y perfeccionismo. Otro gran trabajo que hizo fue **modificar las expectativas que tenía de sí misma y de su trabajo**, para que fueran más realistas, pero no por eso menos motivadoras.

Las pautas que vas a leer a continuación son las mismas que le compartí a Lidia en su momento. Si tú también quieres ajustar tus expectativas o prefieres crear otras nuevas, te recomiendo que las tengas muy en cuenta.

- **Considera tus habilidades y recursos.** No eres tú la que tiene que ajustarse a las expectativas, sino estas a ti. Considera tus cualidades, áreas de mejora, habilidades y recursos de los que dispones (el tiempo, la energía, los medios, etc.). Así crearás expectativas **realistas**.

«Ser la mejor y más inteligente de mi sector».

«Trabajar acorde a mis habilidades y recursos y continuar ampliando mis conocimientos, siempre y cuando surja desde el deseo y no de las comparaciones con los demás».

- **Adáptalas al contexto y a las circunstancias.** Tu vida es impredecible y las circunstancias siempre están cambiando. Si tienes esto en cuenta a la hora de crear tus expectativas, estas serán más **flexibles**.

«Trabajar rápido y no cometer errores».

«No siempre rindo igual, lo importante es trabajar bien (aunque eso signifique ir más lento), sabiendo que no soy inmune a cometer errores y que puedo aprender de ellos».

- **Oriéntalas a metas que sean alcanzables.** Las expectativas tienen que ser claras, concretas y alcanzables. Puedes dividir una expectativa en otras más pequeñas y manejables para que sean más **fáciles de lograr**.

«Alcanzar el puesto más alto y el reconocimiento de mi jefe».

«Enfocarme en lo que necesito hacer para alcanzar una pequeña mejora de mi puesto y valorar siempre mi esfuerzo con independencia de los reconocimientos externos».

Como las expectativas laborales suelen ir de la mano de la pasión por el trabajo, vamos a hablar de cómo la falta o el exceso de esta te puede estar afectando.

La pasión por el trabajo: por defecto o por exceso

Si tu pasión por el trabajo fuese una hoguera, **¿habría una chispa o tendría una gran llamarada?** Aunque visualmente las diferencias entre ambas hogueras son muy obvias, su efecto puede ser el mismo: **quemarnos y alcanzar el *burnout*.**

Hoguera con chispa:
Pasión por defecto

Hoguera con llamarada:
Pasión por exceso

Si te has identificado con la **primera opción** porque no te entusiasma tu trabajo, puede que te resulte más fácil ver cómo está afectando a tu situación laboral. Por el contrario, si te has identificado con la **segunda opción** porque te apasiona tu trabajo, quizá te resulte más difícil entender cómo puede estar relacionado con el *burnout*. Independientemente de cuál sea la hoguera que más represente tu realidad actual, vamos a hablar de cada una de ellas con detalle.

Cuando no te entusiasma tu trabajo

¿Sientes que lo que antes te gustaba ahora te supone un esfuerzo enorme? ¿Tu agotamiento ha cambiado lo que antes te generaba disfrute por estrés? ¿Perdiste la ilusión porque te dijeron que, cuando consiguieses el trabajo de tu vida, «todo sería coser y cantar» y no ha sido así?

Si has respondido «sí» a estas preguntas, lo más probable es que **tengas la sensación de estar «atrapada» en tu trabajo**. Puede que cada día te dirijas a este con pesadez y desgana y que, mientras estés trabajando, anheles que llegue el fin de semana.

Pero cuando llevas toda la vida escuchando que las recompensas, el bienestar y la estabilidad llegarán cuando empieces a trabajar, y luego te das cuenta de que no es así, **¿cómo no puedes decepcionarte?** Si tu jefe no te valora, los comentarios de tus compañeros son irrespetuosos y la carga laboral es excesiva, **¿cómo no vas a poner el foco en tu agotamiento?** Si avanza el tiempo, pero tu rutina de trabajo permanece inalterable y te ves en la misma posición que al principio, haciendo las mismas tareas de siempre, **¿cómo no vas a sentirte frustrada y**

aburrida? Si las funciones que te mandan no son congruentes con tu tiempo, tus capacidades o tu puesto de trabajo, **¿cómo no vas a perder la ilusión y pensar que no vales para eso?** Estas situaciones han podido relegar todo lo que te gustaba de tu trabajo a un segundo plano.

No obstante, no siempre sucede de esta manera. A veces no hay ninguna pasión por el trabajo. Esta es la realidad de muchas personas de hoy en día, las cuales necesitan cualquier trabajo (aunque no sea uno que les guste) para poder llegar a fin de mes y pagar sus gastos.

Hace poco hablaba de esto con mi amiga Pilar, quien, a sus veinticinco años, trabajaba en una cafetería de un centro comercial para poder pagar sus estudios. Aunque llevaba cerca de dos años trabajando en ese sitio, no conseguía sentir pasión por lo que hacía porque lo veía como una obligación temporal. Cada vez que alguien le preguntaba por su trabajo, ella respondía: «Qué te voy a decir, es algo pasajero»; «Ya sabes que no es la pasión de mi vida». No obstante, después de una larga conversación, fue consciente de que en ese discurso había algunos «peros». A pesar de que era un puesto pasajero y no era la pasión de su vida, se dio cuenta de que, si se marchase, echaría de menos a sus clientas habituales, que se llevaría amistades que habían surgido en ese ámbito laboral y que gracias a ese trabajo había podido pagar sus estudios.

Si te identificas con la situación de Pilar, tienes que saber que la solución no es «obligarte» a que te guste o te apasione tu trabajo, sino encontrar un sentido, un significado o **una motivación para lo que haces.**

PREGUNTAS

- ¿Qué factores (propios o externos) crees que actualmente pueden estar haciendo que en tu hoguera solo haya una chispa?
- ¿Qué crees que puedes hacer para que tu chispa se avive?

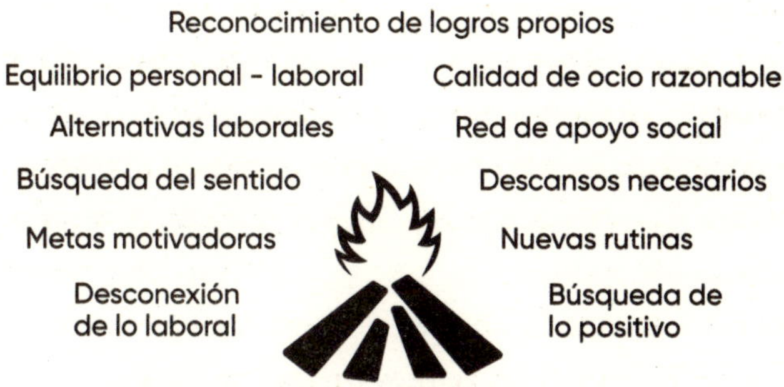

Aviva tu chispa

Cuando te apasiona tu trabajo

¿Sientes que te gusta tanto tu trabajo que te es muy difícil parar? ¿Te vuelcas tanto que te olvidas por completo de ti y del resto de las áreas de tu vida? ¿Hace tiempo que rompiste esa barrera entre lo laboral y lo personal, porque para ti son lo mismo?

Si has respondido «sí» a estas preguntas, no me cabe duda de que te encanta tu trabajo. Cuando la pasión por el trabajo se ha perdido, es esencial recuperarla para que podamos trabajar más satisfechas y estar mejor anímicamente. No obstante, cuando la pasión es excesiva y no existen límites, lo más probable es que **vivas por y para él**.

Es lógico que, si te gusta tu trabajo y te resulta gratificante, quieras hacerlo todo el tiempo. Pero de ahí a que se convierta en una obsesión solo hay un paso. Cuando la pasión se convierte en una obsesión, **te desconectas de la vida para centrarte únicamente en tu trabajo**. Esto hace que acabes justificando todas tus acciones **bajo el mantra de la pasión**.

Si no, que me lo digan a mí. Durante un tiempo, mi pasión por mi trabajo me llevó a trabajar a cualquier hora (incluso si eso significaba no comer por ponerme una sesión a esas horas o dormir tarde por tener otra a las once de la noche), a coger llamadas que recibía a las tres de la madrugada (increíble, lo sé), a atender a pacientes los fines de semana y a irme de viaje de «desconexión» para continuar contestando correos, llamadas y mensajes de WhatsApp.

En uno de esos viajes fue cuando me di cuenta de que no podía seguir así. Estaba con mi pareja en una barca que habíamos alquilado en uno de los lagos más famosos de Italia, el lago di Braies (si tienes la oportunidad, te recomiendo que lo visites), cuando empezó a sonar mi número del trabajo. Mi inercia me llevó a sacar el teléfono del bolso, pero, antes de coger la llamada, miré a mi alrededor y me di cuenta de varias cosas:

- Estaba en uno de los lugares más bonitos que había visto en mi vida (en serio, todavía sigo soñando con ese lago).
- Posiblemente también iba a ser la única vez que lo viera.
- Había personas por todas partes que estaban disfrutando e inmortalizando ese momento en sus cámaras y en su memoria.
- Había tenido que ver algo verdaderamente grande y llamativo para darme cuenta de cuántas cosas, por muy pequeñas que fuesen, me había estado perdiendo por no poner límites en mi trabajo.

Si crees que te puede estar pasando lo mismo que me sucedió a mí, recuerda que no se trata de obligarte a que te guste menos tu trabajo, cuando claramente es una profesión que te apasiona, sino de **priorizar tu cuidado y de ponerte los límites** que, aunque no quieras, necesitas. Así podrás seguir con tu trabajo, pero sin sentir que te estás desmoronando.

PREGUNTAS

- ¿Qué factores (pensamientos, deseos o conductas) crees que actualmente pueden estar haciendo que en tu hoguera haya una gran llamarada?
- ¿Qué crees que puedes hacer para que tu llamarada se reduzca?

Reduce tu llama

Hemos visto cómo puedes trabajar mejor (y sin quemarte en el intento). A continuación, hablaremos de esas personas de tu entorno laboral que pueden estar influyendo negativamente en tu rendimiento y estado de ánimo, así como en la percepción que tienes de ti y de tu trabajo.

Los «vampiros energéticos» y la manipulación en el trabajo

«Siento que, literalmente, me absorbe todas las energías», eso fue lo que me dijo Natalia cuando, en una de nuestras últimas sesiones, me habló de la supervisora de su trabajo. Siempre estaba cerca de Natalia, tomando notas sin ton ni son, con el ceño fruncido y esperando que cometiera un error, para después decírselo rápidamente a su jefe y ganarse un elogio por su actuación. A veces también acudía a Natalia en «calidad de amiga», para victimizarse y descargarse emocionalmente sobre sus compañeros de trabajo; otras veces, por el contrario, se convertía en su peor enemiga: «Si cometes errores, será que no estás lo suficientemente cualificada para este puesto»; «¿Qué va a creer tu jefe si no te quedas más tiempo hoy para terminar tus tareas? Pensará que eres una desinteresada e irresponsable, ¡te lo digo por tu bien!».

La supervisora de Natalia es un claro ejemplo de «vampiro energético». Aunque no se trata de un diagnóstico clínico ni un término científico, es una etiqueta muy popular y usada en la psicología para referirnos a aquellas personas que merman nuestra energía, paz y bienestar y **nos generan un desgaste emocional**. A diferencia de la clásica imagen que tienes de los vampiros, criaturas que te chupan la sangre, los «vampiros energéticos» te **extraerán la vitalidad, la energía y el ánimo**.

El problema de tratar con uno es que este siempre va a actuar a su favor, buscando satisfacer únicamente sus intereses, necesidades y deseos. De esta manera, con ellos **el trato siempre es unidireccional. No hay reciprocidad positiva** en la relación, porque no existe un «tú me das... y yo te doy...».

Si tienes que lidiar frecuentemente con este tipo de personas, es probable que te sientas cansada física y emocionalmente, que estés desmotivada y desanimada, que tu autoestima se haya visto dañada, que tu rendimiento y concentración hayan disminuido y que tengas la necesidad de querer huir o esconderte de estos individuos.

Entonces ¿por qué a veces **no puedo evitar darles lo que me piden o les permito invadir mi espacio personal** cuando en realidad no quiero? Esto se explica por tus **neuronas espejo**, unos elementos esenciales de tu sistema nervioso que te permiten comprender y sentir las emociones de los demás como si fueran las tuyas. Estas neuronas actúan como un «puente» para que te acerques emocionalmente a la persona que hay al otro lado. Te permite sentir, identificar y comprender lo que está experimentando, para responder de la manera más compasiva a esas emociones y vivencias.

Teniendo en cuenta esto y sabiendo que, entre otros factores, la falta de límites personales, la personalidad complaciente, el exceso de culpa y la baja autoestima también aportan su granito de arena en la ecuación, podemos llegar a darles a estas personas aquello que en realidad no queremos.

Es probable que, al leer estos párrafos, hayan pasado por tu mente algunas personas que encajan con la descripción de «vampiros energéticos». Sea cual sea el ámbito en el que surjan o la razón por la que te agotan, **el primer paso es aprender a identificarlos**.

Orloff, una conocida psiquiatra que fue la primera en acuñar el término, clasificó los «vampiros energéticos» en siete categorías:

- **El vampiro narcisista.** Es esa persona que se cree superior a las demás, que exhibe un comportamiento engreído y que está convencida de que merece un trato privilegiado. Siempre quiere ser el centro de atención y piensa que tanto tú como el resto le tenéis envidia. Cree que todo lo que hace o dice está bien, por lo que te impondrá su opinión y esperará que la aceptes sin tener en cuenta la tuya. Su máxima preocupación es el éxito, el reconocimiento y el poder, y no tendrá reparos a la hora de aprovecharse de ti o de pisarte si eso significa alcanzar sus propios objetivos. Cuando te critica de manera constante y minimiza tus logros, lo hace con el propósito de empequeñecer tu autoestima y engrandecer la suya.

- **El vampiro crítico.** Es esa persona que siempre se queja de todo y encuentra los puntos negativos o los fallos de cualquier cosa. Nada de lo que hagas o digas parece ser lo suficientemente bueno para ella, y así te lo hará saber mediante sus comentarios y su expresión insatisfecha. Sin embargo, sus críticas a veces no son tan fáciles de detectar, porque te dirá las cosas como un consejo o bajo el nombre del afecto. De esta manera, puede hablarte sutilmente o de una manera paternalista («Te digo esto para que no decepciones a los demás»), pero siempre te hará sentir que eres inferior a ella.

- **El vampiro que solo quiere hablar y no escuchar.** Es esa persona que siempre recurre a ti cuando tiene un problema o algo que contar. Principalmente únicamente desea hablar y, como mucho, que le des la razón. De esta manera, en vez de desahogarse contigo, se descarga contigo como si fueras su diario emocional o su «cajón desastre». Da igual que tú también necesites expresar tus necesidades; no te escucha e intentará desviarlo a su terreno: «Ya, pero ¿sabes lo que me pasó ayer?».

- **El vampiro victimista.** Es esa persona cuyo discurso suele ser muy negativo y desolador. Parece que siempre está esperando que ocurra lo peor, y cualquier conducta o comentario externo puede ser interpretado como un ataque o abandono. Este tipo de personas suelen recurrir a ti para que las «salves» de las situaciones que viven y de los escenarios fatalistas que recrean en su mente. También es probable que, cuando expresas tu malestar, escuches algo como: «Yo sí que estoy mal, porque...».

- **El vampiro controlador.** Es esa persona que parece que te conoce mejor que tú y, por tanto, sabe lo que necesitas o lo que debes hacer. Como piensa que tiene derecho a entrometerse en tu vida, toma por ti tus decisiones, sin tener en cuenta tus deseos o necesidades. Te puede invalidar y manipular hasta el punto de convencerte y hacerte creer que todo lo que te dice es cierto y necesario, sobre todo cuando termina las frases con «Es por tu bien».

- **El vampiro agresivo.** Es esa persona que con frecuencia usa la ira y la agresividad física o verbal en vuestras interacciones. No necesariamente tiene que surgir una discusión de por medio. A veces basta con un malentendido para que te muestre toda esa rabia desproporcionada que te asusta y te hace medir muy bien tus comentarios y acciones. Es la sensación de estar esquivando minas que, en cualquier momento, pueden chocar contigo y estallar.

El vampiro sarcástico. Es esa persona que utiliza el sarcasmo para humillarte y ridiculizarte de una manera más sutil y camuflada. De esta manera, ni reconoce que te ha atacado ni asume la responsabilidad de sus actos, porque se escuda y justifica diciendo: «Solamente estaba bromeando».

Como ves, hay muchas maneras en las que estas personas pueden estar agotando tus energías y dañando tu autoestima. Por eso también es muy importante que, antes de que veamos cómo puedes actuar frente a estas, detectes **algunas de sus tácticas «estrella»**.

- **Luz de gas o *gaslighting*.** Te hace dudar de tu propia realidad o cordura negándote los hechos, alterando la información o cuestionando constantemente tu memoria o percepción de lo que ha pasado.

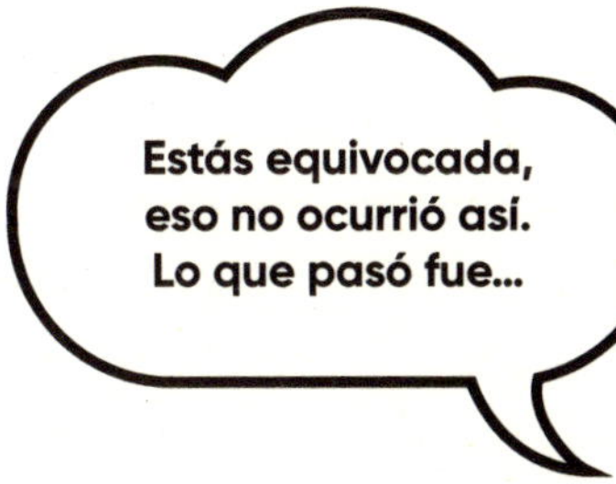

- **Refuerzo intermitente o *love bombing*.** Utiliza la atención y el afecto como recompensa cuando consigue lo que quiere de ti, y como castigo cuando no. Eso puede generar dependencia hacia esa persona y elevados niveles de ansiedad.

- **Culpabilidad.** Te hace sentirte culpable de errores pasados (existentes o inexistentes), responsabilidades u obligaciones que no te corresponden, con el objetivo de explotar tu sentido del deber y orientarte en la dirección que quiere.

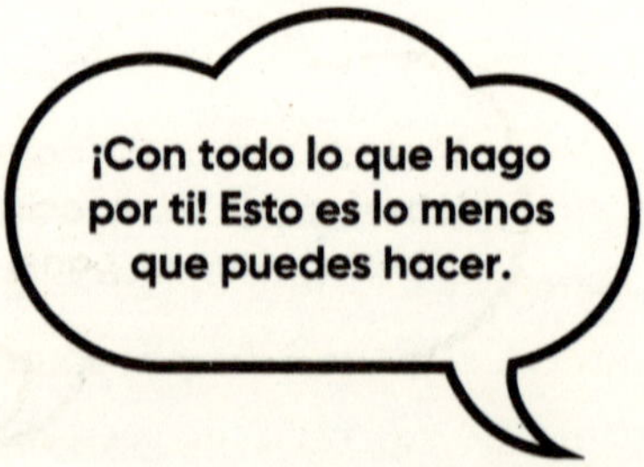

- **Proyección.** Te traslada sus problemas, comportamientos o emociones, como si fueran los tuyos, para desviar su propio papel e implicación y conseguir que seas tú la que se responsabilice de ellos.

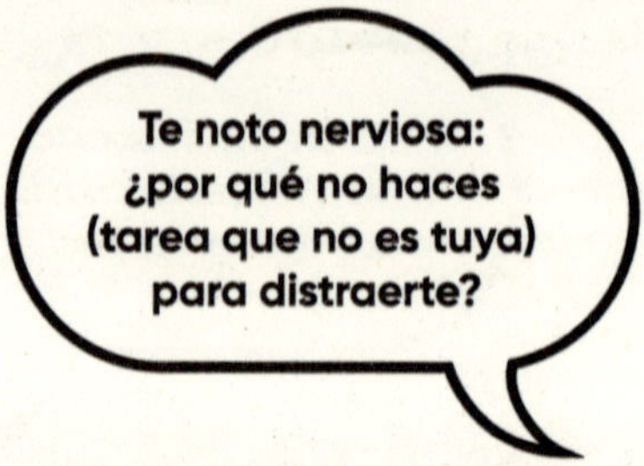

- **Triangulación.** Aprovecha la participación de una tercera persona para manipular la dinámica, compararte con ella o crear una división entre vosotras. A través de esta tercera persona, valida su argumento, controla la situación y te aísla.

- **Silbato de perro.** Cuando estáis con más personas, utiliza frases que, aunque pueden pasar desapercibidas para los demás, están diseñadas para provocarte y que reacciones, dejándote en evidencia ante el resto y reforzando su rol de «víctima».

No todos trabajan como deberían... (+ tu reacción). Mirad cómo se pone.

Con independencia de qué haga o de las técnicas que utilice para hacerte sentir mal, para saber si estás tratando con un «vampiro energético», también te puedes fijar en las reacciones de tu cuerpo y en lo que sientes antes, durante y después de haber hablado con él. Recuerda que **tu cuerpo tiende a reaccionar física y emocionalmente antes de que tú seas consciente** del mensaje que te está dando.

Y, como no son esa clase de vampiros que se pueden combatir usando ajo o crucifijos (¡ojalá fuera así de fácil!), he aquí algunos **consejos** para protegerte de ellos:

- **Busca al verdadero «dueño».** Analiza los problemas, vivencias, emociones y necesidades existentes para saber a quién le pertenecen. Cuando identifiques de quiénes son, quédate con las tuyas y responsabilízate únicamente de estas.

> Si Juan está enfadado porque no le han dado los días libres que pidió, no tienes que ofrecerle los tuyos para solventar su enfado. Juan es el único dueño y responsable de su enfado.

- **Utiliza tu diálogo interno como escudo.** Es muy fácil caer en las redes de la manipulación, por eso es esencial que te cuestiones sus comentarios y acciones y que hagas caso a esa vocecilla interna que tienes y que quiere protegerte.

> «Antes de que mi compañera "criticona" me dijera que lo estaba haciendo fatal, yo estaba muy satisfecha con los resultados que estaba teniendo, así que voy a confiar en mi intuición».

- **Cuida tu autoestima y refuerza tu valor.** Como su mayor satisfacción es hundir tu autoestima, será fundamental no dar credibilidad y valor a sus comentarios, dedicar tiempo a confrontarlos y reforzarte positivamente cuando lo necesites.

> «Por mucho que a Patricia le guste recordarme lo poco válida que soy, nadie mejor que yo sabe lo mucho que me estoy esforzando, las cualidades que tengo y el valor que me merezco».

- **Hazles saber que no vas a permitir descalificaciones.** Cualquier comentario humillante, descalificativo o agresivo es una bandera roja que no tiene que ser ignorada. Si esto ocurre, para la conversación y hazles saber que no lo permites.

> «Estoy dispuesta a hablar contigo de esto en otro momento, pero ahora mismo no voy a continuar esta conversación porque me estás faltando el respeto».

- **No les des lo que quieren.** Si ves que activamente están buscando causar una reacción en ti, sutil o directamente, es mejor que no les proporciones la atención y el efecto que persiguen. Así perderán el poder y control que pretenden conseguir sobre ti.

Si tu supervisora está cerca de ti, comentando que «hay algunas personas que hacen lo que sea para no trabajar», cuando los días anteriores estuviste enferma en tu casa, no hay mejor reacción que la siguiente: ignorarla y seguir a lo tuyo.

- **No te cortes a la hora de poner límites.** Si consideras que han invadido tu espacio personal, no están teniendo en cuenta tus necesidades y emociones o se han sobrepasado contigo, no dudes en poner tus límites. Estos son tus mayores aliados y defensores en tus relaciones interpersonales.

«Perdona, pero ahora mismo no puedo atenderte, estoy en mi hora libre y necesito desconectar». Sé que esto te parece más fácil de decir que de hacer, pero no te preocupes: en estas páginas también te voy a dar los recursos necesarios para poner esos límites.

- **Pide ayuda y busca una red de apoyo.** Lidiar con este tipo de personas a diario no es nada fácil. Te animo a comunicar lo que está pasando a quien consideres. Tampoco te prives de pedir y recibir ayuda: tener una red de apoyo puede marcar una gran diferencia.

- **Aléjate todo lo posible de ellos.** Lo mejor que puedes hacer para proteger tu salud mental es alejarte de ellos. Sin embargo, no siempre vas a tener esta opción cuando el «vampiro energético» es tu jefe, tu supervisor o tu compañero de trabajo. En este caso, intenta guardar las distancias y restringir las interacciones en la medida de lo posible. ¡No bajes la guardia cuando te relaciones con ellos!

EJERCICIO

¿Qué estás dispuesta a tolerar y qué no? Identifica cuáles son tus «negociables» y «no negociables» y escríbelos en un listado. Esto te permitirá saber cómo tienes que actuar en tus relaciones interpersonales, sobre todo con esos «vampiros energéticos» que no dudarán en extraer toda tu energía y bienestar.

MIS «NEGOCIABLES»	MIS «NO NEGOCIABLES»
Puedo distribuir el trabajo grupal teniendo en cuenta las habilidades, necesidades y disponibilidades de cada una de las personas implicadas.	No puedo olvidarme de mis habilidades, necesidades y disponibilidades, y tampoco debo asumir las tareas de otros. Tenemos que alcanzar un punto medio.
Puedo empatizar con la situación y las emociones de la otra persona y escuchar lo que me quiere expresar.	No puedo responsabilizarme de las acciones y emociones de los demás, ni tampoco permitir que me menosprecien, chantajeen o manipulen.
Puedo entender que los demás no siempre van a tener las mismas opiniones que yo y se pueden enfadar.	No puedo tolerar que me insulten y me menosprecien porque no sepan gestionar su ira y solo consideren su punto de vista.
Puedo...	No puedo...

La mayor defensa que tenemos contra estos «vampiros energéticos» son los propios límites personales que establecemos. ¿Por qué nos cuesta tanto ponerlos? ¿Por qué es tan importante que lo hagamos? ¿Cómo es posible hacerlo? ¿Qué podemos esperar que ocurra después?

Cómo poner límites personales y decir «no»

¿Qué crees que pasaría si la puerta de tu casa estuviera siempre abierta? Lo más probable es que en tu casa entraría quien quisiera y cuando quisiese. Cualquier persona tendría la oportunidad de abrir tu frigorífico y comer lo que le apeteciera, de tumbarse en tu sofá y usar la televisión, de llevarse tus preciados objetos y de interrumpir tus momentos de tranquilidad y descanso.

Esto es lo que pasa **cuando tus límites personales son inexistentes**, escasos o endebles:

- Te resulta muy difícil decir «no» a los demás cuando en realidad querrías hacerlo.
- Tiendes a complacer a los demás para no decepcionarlos o ser rechazada, lo que, a la larga, puede derivar en dependencia emocional.
- Compartes y das tanto de ti que los demás pueden utilizarlo en tu contra o aprovecharse de ello, lo que tal vez lleve a que tus relaciones no sean muy sanas.
- Te desvives por los problemas, las necesidades y también las emociones de los demás, dejando las tuyas sin atender o en el último lugar.
- Te es difícil tomar tus decisiones o saber lo que quieres, porque no estás acostumbrada a realizar ese tipo de acciones contigo misma.
- Como consecuencia de lo anterior y del concepto que tienes de ti misma, tu autoestima suele ser baja.

¿Qué crees que pasaría si la puerta de tu casa siempre estuviera cerrada? Nadie entraría a tu casa y, aunque tendrías todas tus cosas a buen recaudo, te estarías privando de tener esa intimidad y conexión con los demás. Quizá tuvieras que cerrar esa puerta porque en el pasado hicieron lo que quisieron con tu espacio personal y no lo respetaron, pero esa distancia que pusiste es la misma que hoy te limita y perjudica.

Esto es lo que pasa **cuando tus límites personales son muy rígidos** o excesivos:

- Te sueles cerrar en banda ante las peticiones o comentarios de los demás.

- Los conflictos en tus relaciones pueden ser frecuentes por la imposibilidad de negociar contigo.
- Compartes muy poco de ti, porque piensas que los demás pueden utilizarlo en tu contra o aprovecharse de ello, y eso te lleva a aislarte de los demás.
- Únicamente te centras en tus propios problemas, necesidades y emociones, lo que mueve a los otros a alejarse de ti.
- La rigidez de tus límites puede hacer que pierdas oportunidades o experiencias beneficiosas y agradables.
- Como consecuencia de lo anterior, pierdes la conexión e intimidad con la gente.

Sin embargo, **si la puerta de tu casa se abriera y se cerrase a tu elección: ¿qué crees que pasaría?** Tendrías la oportunidad de elegir quién entra en tu casa: invitarías a aquellas personas que te generan bienestar y respetan tu espacio, y negarías la entrada a las que te generan malestar y no lo respetan. También podrías elegir cuándo lo hacen, de tal manera que, si llaman en un momento en el que estás ocupada o necesitas descansar, puedes rechazarlas de manera educada y asertiva.

Esto es lo que ocurre cuando **tus límites personales son realistas y saludables**:

- Por regla general, eres capaz de decir «no» cuando necesitas hacerlo.
- Te preocupas por los demás y los escuchas, pero, cuando se sobrepasan contigo o rompen tus límites, eres capaz de priorizarte y de protegerte.
- Si existe el autorrespeto mutuo, tus relaciones son más sanas y equilibradas.
- Puedes ayudar a las personas con sus problemas, necesidades y emociones, siempre y cuando puedas y no suponga un perjuicio para las tuyas.
- Aunque eres capaz de tomar tus propias decisiones y sueles sa-

ber lo que quieres, eso no significa que no valores o escuches la opinión externa.

- Como consecuencia de lo anterior y del concepto que tienes de ti misma, tu autoestima suele ser alta.

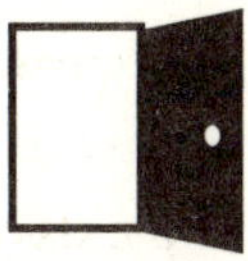

Límites inexistentes, escasos o endebles
Intimidad a costa de los propios deseos y necesidades.

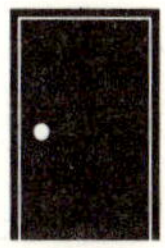

Límites rígidos o excesivos
Protección a costa de la intimidad y de nuevas experiencias.

Límites realistas y saludables
Protección sin perder intimidad y nuevas experiencias.

> Los **límites** son esas líneas que, sin ser físicas o tangibles, **protegen tu espacio personal y emocional** (tanto de los demás como también de ti misma), **aportándote seguridad** y preservando tus decisiones, deseos y necesidades.

Cuando notes que alguien está invadiendo ese espacio, te hace sentir insegura o no está teniendo en cuenta tus decisiones, deseos y necesidades, es el momento de hacer uso de tus límites personales.

Y, aunque establecer límites personales resulta difícil en cualquier relación o ámbito de tu vida, es especialmente complejo en el trabajo, influido este por una **cultura que glorifica el «sobreesfuerzo» y la «inmediatez»**. Y no tener límites en el trabajo (o muy pocos), según algunos estudios, como el de la psicóloga Carvalho, está íntimamente relacionado con el ***burnout***, ya que existen más probabilidades de alcanzarlo:

- Poner límites saludables **contigo misma** en el trabajo se vería de la siguiente forma:

Llevas un buen rato trabajando sin parar y te notas agotada y dispersa, así que decides ir al baño o a la máquina de las bebidas para despejarte unos minutos.

- Poner límites saludables **con los demás** en el trabajo se vería de la siguiente forma:

Tu compañera empieza a cotillear contigo sobre algunas personas de la empresa y, como te está desconcentrando, le dices: «Me encantaría hablar contigo en otro momento, pero ahora mismo tengo que terminar estas tareas».

Es posible que pienses: «Todo eso está muy bien. Entiendo la teoría, pero no sé cómo llevarlo a la práctica». Si no has tenido la oportunidad de poner límites desde pequeña y justo has aprendido todo lo contrario (ser productiva, esforzarte arduamente, demostrar lo que «vales» y no decepcionar a los demás), es normal que hacerlo te parezca una hazaña inalcanzable.

Sin embargo, **todas las personas tenemos la capacidad de poner límites**: lo que debemos hacer es aprender y practicar las herramientas y habilidades necesarias para que podamos llevarlo a cabo. Para echarte una mano en eso, te dejo unas **pautas** que pueden ayudarte.

PASO 1
El trabajo previo que tienes que hacer antes de poner límites

¿Qué supone para ti poner límites? ¿Tiene una connotación positiva o negativa? Antes de plantearte cómo puedes poner límites, lo primero que deberías hacer es **reflexionar sobre la imagen que tienes de ellos**. Si esta fuera negativa, es posible que algunos de estos **mitos** sobre los límites hayan hecho mella en ti:

- **Mito: los límites son un castigo.** En realidad, son el recordatorio de que tus necesidades y emociones también existen y merecen ser respetadas. Expresarlos no es castigar a nadie, sino hacerles saber qué necesitas y qué quieres.
- **Mito: poner límites te hace egoísta o mala persona.** Responsabilizarte de tu propia experiencia y bienestar emocional no es un acto ni egoísta ni malvado, sino la mayor acción de amor propio que puedes tener contigo misma.
- **Mito: para poner límites hay que enfadarse.** Los límites no requieren de acciones ni intensas ni violentas: de hecho, la falta de estos es precisamente lo que te lleva a reprimir tus emociones hasta que «estallan» de manera desproporcionada. Igualmente, puedes poner límites claros y justos estando enfadada, lo que es completamente normal, ya que la ira aparece cuando invaden tu espacio.
- **Mito: los límites conllevan pérdidas.** Puede que sí acarreen una «limpieza» de tus relaciones, pero no necesariamente son pérdidas. Las personas que se benefician de tu falta de límites tal vez reaccionen enfadándose o alejándose de ti cuando los pongas. Si lo piensas bien, esto es una ganancia: estarás dejando más espacio a las que de verdad valoran tu bienestar y necesidades.
- **Mito: el amor no necesita límites.** Querer no es sinónimo de «estar dispuesta a hacer lo que sea que me pidan en cualquier momento». Ceder siempre a este tipo de demandas, aunque sea bajo el nombre del amor, puede dañar y perjudicar tus relaciones. A veces, el gesto más sano que puedes tener con las personas que amas es decir «no», para que la base de vuestra relación sea el respeto y el entendimiento mutuo.
- **Mito: poner límites implicaría transgredir tus valores.** Es cierto que los límites pueden «chocar» con tus valores, pero a lo mejor esa es la señal que necesitas para revisarlos, ajustarlos o hacerlos más flexibles. Si, por ejemplo, uno de tus valores es la gratitud, tienes que saber que por poner límites no vas a dejar

de ser una persona agradecida. Una cosa no quita la otra, de igual manera que los valores no solo se aplican con los demás, sino también contigo misma.

- **Mito: si cuando piensas en poner un límite sientes malestar o te preocupa la reacción de los demás, significa que no deberías hacerlo.** Esa molestia que sientes es el recordatorio de que no estás acostumbrada a protegerte; y esa preocupación que surge al pensar en la posible reacción de los demás es la prueba de cuánto se han acostumbrado a actuar y a pedir, sin tener en cuenta tus necesidades y emociones. Por ello, cuanto más sientas esto, más importante será que pongas límites.

PASO 2
Identifica cuáles son los límites que debes poner

Para poner límites, antes necesitas saber **cuáles son las necesidades que tienes que defender** o expresar. Es el momento de pensar en ti y de priorizarte, así que, como sé que poner límites desde cero puede ser abrumador, te comparto esta ilustración que quizá te sirva de apoyo y de inspiración en esta tarea.

Teniendo en cuenta lo anterior: **¿qué límites necesitas poner a los demás y a ti misma?** Por ejemplo: respetar mis tiempos de descanso, no responder los correos del trabajo fuera de mi ámbito laboral, rechazar un plan de ocio cuando esté muy cansada, etc.

Puede ocurrir que, aunque hayas identificado previamente esos límites, a diario surjan situaciones que no habías contemplado. En ese caso, antes de dar una respuesta, las **preguntas que deberías hacerte** son las siguientes: ¿puedo y quiero hacerlo? ¿Qué coste o consecuencia tendría para mí? ¿Tengo otras prioridades o urgencias en este momento?

PASO 3
Mentalízate, prepara y planifica esos límites

Una vez que conozcas los límites que necesitas poner, es el momento de **pasar a la acción**. Como las primeras veces son las más difíciles, te recomiendo que sigas estos **pasos**:

- Empieza por aquellos que consideras que son más fáciles de realizar o que impliquen a personas con las que tienes mayor nivel de confianza y cercanía.
- Escribe cómo vas a expresar ese límite y prueba primero a decirlo en voz alta (incluso puedes hacerlo delante de un espejo).
- Escoge los momentos más adecuados, como aquellos en los que no existe un conflicto activo, para hablar tranquilamente y sin interrupciones.

PREGUNTAS

- ¿Qué límites quieres establecer?
- ¿Por qué vas por ponerlos?
- ¿Cómo, cuándo y con quién lo harás?

Recuerda que lo más importante al principio es **practicar con acciones pequeñas**. Cuantas más experiencias tengas, más habilidad adquirirás y, por tanto, mayor seguridad y confianza sentirás las siguientes veces que pongas límites.

Sin embargo, debes saber que poner límites es como **una carrera de fondo**: la habilidad no se adquiere de repente. Por ello, no te preocupes si un día no consigues poner ningún límite. Ten en cuenta que es un proceso que lleva su tiempo, pero cada granito de arena que aportes seguirá sumando y contando.

En cuanto a **los beneficios** de los límites, estos **no son inmediatos**. Es posible que, cuando empieces a poner límites, notes una reacción negativa por parte de tu entorno, que te puede hacer creer que ponerlos no ha servido de nada. No obstante, si mantienes esos límites y los demás empiezan a comprender que no son ninguna «broma», acabarán tomándolos en serio. Es como plantar semillas: necesitas regarlas diariamente a pesar de no observar resultados inmediatos; solo mediante la constancia y la perseverancia conseguirás ver un día cómo sale el primer brote.

Plantéate lo siguiente: ¿con qué consecuencias a largo plazo eres capaz de vivir? ¿Con la reacción que tuvo la otra persona cuando le pusiste un límite? ¿Con el agotamiento y la infelicidad que implica vivir una vida que no ha sido tuya por no haber puesto límites a tiempo? Recuerda que **poner límites hoy ayuda a tu yo del futuro**.

PASO 4
Respuestas para decir «no» si los demás insisten

Cuando los otros te insistan y quieran romper tus límites, lo mejor que puedes hacer para mantenerlos es utilizar la **asertividad para decir «no»**.

El término «asertividad», definido por Wolpe y Lazarus, hace referencia a la expresión adecuada de los propios derechos y sentimientos que se dirige hacia otra persona, sin transgredir agresivamente los suyos. A raíz de este concepto, han ido surgiendo una gran variedad de **técni-**

cas asertivas, que te recomiendo usar, para que puedas mantener tus límites ante la insistencia de los demás:

- **La asertividad elemental.** Explica tu postura de forma sencilla, clara y educada, añadiendo una breve explicación, pero sin extenderte demasiado. De esta manera, estarás trasmitiendo seguridad y confianza en tu decisión.

Gracias, pero no puedo ir, tengo cosas que hacer.

- **La técnica sándwich.** Acompaña tu negativa con un mensaje positivo previo y posterior a esta. El mensaje positivo puede ser ponerse en el lugar de la otra persona, validar sus sentimientos o proponer una alternativa. Si realizas esta técnica, conseguirás suavizar el impacto de la negativa, facilitarás su aceptación y promoverás un ambiente de confianza.

Siento que te sea difícil esta tarea, pero desconozco cómo se hace. Quizá otro con más experiencia pueda ayudarte.

- **El banco de niebla.** Cuando la otra persona te presiona de forma muy explícita y te «vende» su argumento de la mejor manera posible, puedes darle una parte de razón, pero teniendo cuidado de no desviarte de tu postura original. Así, habrás sorteado su «insuperable oferta» sin desestimarla y sin perder tu integridad.

Seguro que os lo pasáis muy bien, pero de verdad que no puedo.

- **El aplazamiento asertivo.** Si alguna vez te sientes sobrepasada por la situación, no encuentras la salida o te ves incapaz de dar un «no» sin una razón, es mejor que postergues tu respuesta para otro momento. Al hacer esto, podrás pensar con claridad la respuesta que realmente quieres dar.

No puedo confirmarte ahora. Lo consulto y te doy una respuesta.

- **Técnica del acuerdo asertivo.** Cuando la otra persona interpreta erróneamente tu límite, te juzga o te intenta chantajear emocionalmente, puedes exponer tu negativa aclarando las acusaciones previamente recibidas. De este modo, dejarás claro que tu negativa no tiene nada que ver con el hecho de ser una buena o mala persona, de querer o no al otro, etc.

No puedo ir. Tengo que hacer otra cosa. Esto no quiere decir que sea aburrida o te quiera menos.

- **Técnica del disco rayado.** Cuando la otra persona mantiene su insistencia, puedes llegar a sentirte como un «disco rayado» que dice lo mismo una y otra vez: eso es lo que precisamente tienes que hacer. Si tú también mantienes tu posición y la defiendes de manera calmada y educada, mostrarás seguridad y decisión.

- **Técnica para procesar el cambio.** Cuando la otra persona cambie el tema de la conversación por otro que anule o ignore tu negativa, vuelve a recordarla para recuperar el foco de atención. Con esta técnica anularás su propósito, recuperarás las «riendas» de la conversación y la orientarás hacia su cierre.

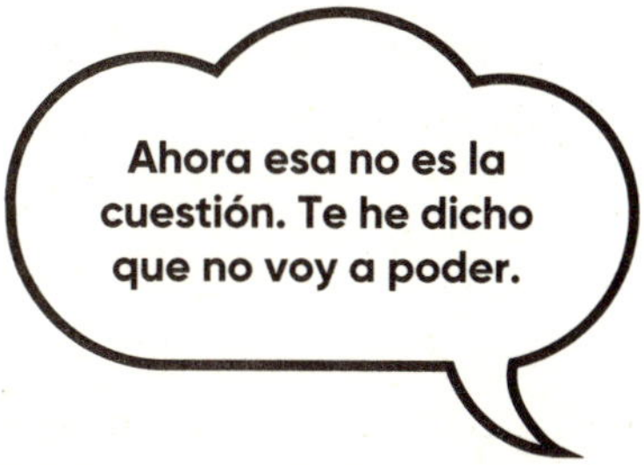

EJERCICIO

Imagínate que tu supervisora te ofrece una tarea extra que siempre sueles aceptar. **Ensaya**, usando las técnicas anteriores, **cómo podrías rechazar su oferta** argumentando respuestas que encajen con tu situación laboral actual (carga de trabajo elevada, tareas que son más prioritarias o urgentes, falta de descansos, turnos, etc.).

Aun así, ten en cuenta que **no siempre podemos ser** (o tenemos que ser) **asertivos**. Dependerá del contexto, de la situación y de la persona implicada. Porque la verdad es que, aunque tú seas asertiva, educada y respetuosa, la otra persona reaccionará como quiera (y esto puede incluir faltas de respeto o contestaciones agresivas). Así que es totalmente lícito y entendible que tú también te enfades y quieras terminar la conversación cuanto antes.

En ese caso, lo mejor es que dejes tu asertividad para otra ocasión o para otra persona que sepa apreciarla, y que comuniques un «no» cerrado, sin opciones o posibilidades de ofrecer una respuesta abierta. Cambia los «creo que no», «me parece que no» y «seguramente no» por los «he dicho que no», «ya tomé mi decisión» y «no es posible». Si aun así la otra persona no acepta tu negativa y mantiene una postura agresiva, lo ideal sería que pospusieras la conversación para otro momento más adecuado.

PASO 5
Reacciones que pueden surgir cuando pones tus límites

Si no sueles poner límites a los demás y estos se han acostumbrado, de manera consciente o inconsciente, a no tener en cuenta tus necesidades o emociones, es probable que al ponerlos **surjan reacciones en ti y en la otra persona**.

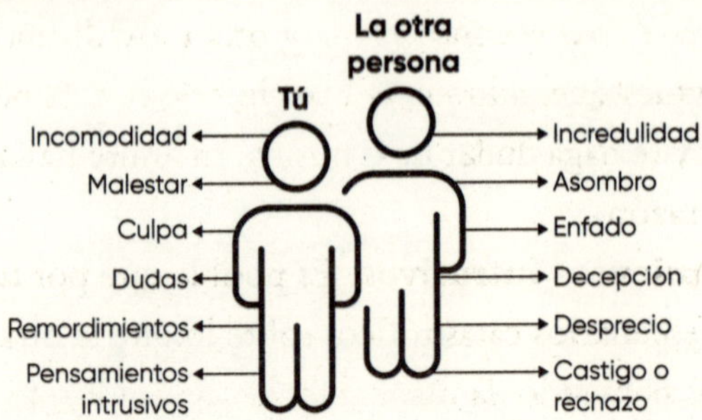

Este tipo de reacciones te confunden y te hacen **creer que te has equivocado y que tienes que dar marcha atrás** con tu límite. Sin embargo, estas reacciones tan frecuentes tienen una explicación detrás. Prever que pueden surgir te ayudará a que no te pillen por sorpresa, y comprender por qué se dan hará que te sientas menos confusa. De esta forma, sabrás cómo validarlas y gestionarlas sin renunciar a tus límites. Cuando pongas un límite, **puedes sentir**:

- **Incomodidad y malestar.** Solemos pensar que las decisiones correctas son aquellas que vienen acompañadas de emociones agradables o placenteras. No obstante, esto es erróneo y no siempre sucede así. De hecho, las decisiones más importantes suelen ser las que más incomodidad y malestar provocan: como cuando pones un límite tras haber estado tanto tiempo priorizando y responsabilizándote de las necesidades de los demás. Tienes que entender que poner límites puede implicar que te sientas de esa manera, pero eso no significa que lo estés haciendo mal o que seas una mala persona, sino que a veces debes lidiar con la incomodidad y el malestar para poder recuperar tu bienestar.
- **Culpa, dudas y remordimientos.** ¿Recuerdas lo que hablamos sobre las neuronas espejo? Gracias a ellas, eres capaz de ponerte en el lugar de los demás y de empatizar con sus emociones. Si eres consciente de que la reacción de la otra persona se debe al límite que has puesto, es inevitable que aparezcan la culpa, las dudas y los remordimientos. Incluso hasta la persona más «capacitada» para poner límites puede sentirse así. No obstante, una cosa es sentir culpa y otra muy distinta ser culpable. No olvides que, aunque la reacción de la otra persona te conmueva y te haga dudar de ti misma, tu límite ha surgido por una buena razón.
- **Pensamientos intrusivos.** Es posible que por tu mente pasen varios escenarios catastróficos sobre lo que la otra persona puede estar pensando, la manera en la que ese límite podría afectar a vuestra relación o las consecuencias que quizá surgirán a medio o largo plazo. Al fin y al cabo, somos humanas y es normal que nos dé miedo el conflicto, el rechazo, el juicio externo, la

idea de decepcionar a los demás o la imagen que puedan crear de nosotras. Lo cierto es que la opinión o reacción externa no es controlable, y no siempre suceden las cosas catastróficas que pensamos. Y, aunque sí pasara y alguien se alejara de ti, poner límites te habrá servido para acercarte más a ti misma y descubrir las personas que realmente mereces tener a tu lado: aquellas que lo han entendido y respetado.

PREGUNTAS

De las reacciones que acabamos de ver:

- ¿Qué reacciones propias (incomodidad, malestar, culpa) te resultan **más difíciles de gestionar** cuando pones un límite o cuando piensas?
- ¿Qué **recordatorios**, o frases compasivas, te sirven para ayudarte a gestionarlas y mantener tu límite en esos momentos?

Cuando pongas un límite, la **otra persona puede mostrar**:

- **Incredulidad y asombro.** Cuando una persona no está acostumbrada a que le pongan límites, y menos aún que se los pongas tú, es probable que haya creado unas expectativas y una imagen de ti determinada: «La que siempre está ahí para cualquier cosa, en cualquier momento y nunca me dirá que no». Como no anticipará que pongas un límite en vuestra relación, habrás «roto» sus esquemas y se sentirá incrédula y asombrada. No obstante, tienes derecho a poner límites, aunque previamente no lo hayas hecho, porque tus opiniones, decisiones y formas de actuar también pueden cambiar. Así que, al igual que crearon unas expectativas de tu versión «pasada», también lo harán de la «actual». Si no fuera así, recuerda que las expectativas más importantes son las tuyas (siempre y cuando estas sean realistas, justas y alcanzables).

- **Enfado, decepción y desprecio.** Puedes entender que se sientan así: previamente no existían límites y ahora no han conseguido lo que esperaban o querían. Sin embargo, que comprendas sus emociones no significa que tengas que tolerarlas o gestionarlas. Empatizar con su situación y con lo que pueden estar sintiendo no implica que tengas que renunciar a tus límites. Si su reacción es muy intensa y desproporcionada y está empezando a ser muy desagradable contigo, no olvides que tienes que protegerte y alejarte de la situación. Expresa que no vas a tolerar esas conductas y que tu decisión es firme.
- **Castigo o rechazo.** Una de las reacciones externas más frecuentes es la conocida como «la ley del hielo». Se da cuando una persona, tras haber tenido un conflicto contigo o no haber conseguido de ti lo que quería, te ignora activamente. Su objetivo es castigarte para que te sientas culpable y que solo tú asumas la responsabilidad de solventar vuestra relación. Esta actitud pasivo-agresiva es una técnica de manipulación muy peligrosa y dañina que afecta a vuestra relación y, sobre todo, a ti misma. Recuerda que no mereces ser castigada por pedir los elementos básicos que debería tener cualquier relación: escucha, entendimiento, respeto y aceptación.

PREGUNTAS

De las reacciones que acabamos de ver:

- ¿Qué reacciones de los demás (incredulidad, asombro, enfado) te resultan **más difíciles de gestionar** cuando pones un límite o piensas en ponerlo?
- ¿Qué **recordatorios** o frases compasivas te sirven para ayudarte a gestionarlas y mantener tu límite en esos momentos?

Vivimos en un mundo que premia y glorifica a aquellos que trabajan duro y lo dan todo (pero que no tiene en cuenta el precio que pagan por ello) y estamos rodeadas de personas cuyo apetito puede ser insaciable. Por eso es sumamente importante que, **cuando nuestro mundo y las personas que lo forman no tengan reparos a la hora de pedir, nosotras establezcamos límites** sobre lo que estamos (o no) dispuestas a ofrecer.

La necesaria recarga de pilas

La importancia de desconectar para conectar

En un mundo que glorifica la productividad y que nos ha enseñado a valorarnos en función de cuánto hacemos, en vez de quiénes somos, **el descanso puede verse como el principal obstáculo para alcanzar el éxito; pero también como el mayor acto revolucionario** que podemos hacer.

La primera vez que conocí a Eloísa estaba tan abrumada emocionalmente que, cuando me empezó a hablar de la situación que la había llevado a terapia, no pudo contener las lágrimas que durante tanto tiempo había estado reteniendo. A sus treinta años, trabajaba en una empresa de mensajería en horario nocturno. Cuando llegaba a su casa, ignoraba el cansancio y lo que su cuerpo le pedía a gritos para volcarse en las tareas del hogar (poner lavadoras, lavar los platos, limpiar el polvo, recoger la casa, etc.). Como siempre encontraba algo «más importante» que hacer, comer y dormir era lo último en su larga lista de tareas. Había días en los que apenas dormía cinco horas, y otros en los que sus comidas eran insuficientes o inadecuadas. Como resultado, Eloísa estaba completamente agotada física, mental y emocionalmente, la ansiedad era una constante en su vida y vivía en piloto automático, sin sentir ningún tipo de satisfacción por su rutina. Se había conformado con llegar al fin de semana. **«Está claro que me agobio si no hago nada y, si intento relajarme, me siento culpable»**, esa fue la conclusión a la que llegó.

No es muy difícil identificarse con la situación de Eloísa, más aún cuando nuestra **«cultura del ajetreo»** nos incita a adoptar un estilo de vida frenético para poder seguirle el ritmo. Sin embargo, al igual que ella logró cambiar la relación que tenía con el descanso (tras entender las experiencias y los aprendizajes que la habían llevado a percibirlo como algo negativo), tú también eres capaz de conseguirlo. **Tu percepción del descanso determina la relación que tienes con él y el grado de culpa** que puedes llegar a sentir.

Puede que hayas crecido en un entorno en el que el descanso era considerado como una señal de vaguería o pereza, y, cuando tus progenitores entraban a tu habitación, si no estabas haciendo algo «productivo», te ponías tensa porque sabías que ibas a ser criticada o castigada. Quizás lo aprendiste de una manera más indirecta, como cuando tu entorno familiar o tus profesores elogiaban tus buenos resultados y admiraban el esfuerzo y el sacrificio que habías tenido que hacer para conseguirlos. Hay muchas **experiencias que has podido vivir** y mensajes que has podido recibir que **han influido en esta percepción**.

Lo que está claro es que **nadie nace teniendo una relación negativa con el descanso**. De hecho, en nuestros primeros años de vida dormimos entre diez y dieciocho horas diarias. Y, aunque a medida que crecemos esas horas se van reduciendo, porque no necesitamos dormir tanto, ¿en qué momento el descanso ha pasado de ser una necesidad que merece ser atendida a una recompensa que tiene que ser ganada?

PREGUNTAS

Si el descanso fuese una persona:

- ¿Cómo te llevarías con él?
- ¿Tendrías una relación estrecha y cercana?
- ¿Le darías prioridad en tu agenda, agradecerías pasar tiempo con él y te ayudaría a desconectar?

- ¿Tendrías una relación tensa y distante?
- ¿No le concederías tanto hueco en tu agenda, te sentirías incómoda o culpable por pasar tiempo con él y te resultaría difícil desconectar?
- ¿Qué experiencias, mensajes o aprendizajes de tu entorno y de la sociedad han podido influir en esa relación?

Tienes una relación negativa con el descanso si...	**Tienes una relación positiva con el descanso si...**
Lo concibes como una pérdida de tiempo, una irresponsabilidad, un inconveniente, una señal de vaguería, un capricho, una recompensa que hay que ganarse o una actividad improductiva.	Lo concibes como una necesidad básica y biológica, un hábito que hay que normalizar, una práctica de autocuidado o una desconexión necesaria y productiva para tu bienestar.
Ignoras tus necesidades y pospones o te cuesta sacar tiempo para descansar.	Escuchas y atiendes tus necesidades y sacas tiempo para poder descansar.
Cuando descansas sientes malestar y culpa, «aprovechas» ese momento para organizar mentalmente tus tareas o no consigues recargar tus energías y dejar a un lado todas las preocupaciones.	Cuando descansas no te sientes culpable, te permites desconectar del presente para despejar tu mente. Además, recargar las energías que tu cuerpo necesita fortalece tu bienestar físico y tu salud emocional.
Acabas robotizándote al medir el tiempo en función de la productividad y el rendimiento.	**Acabas humanizándote al medir el tiempo en función de tus necesidades y tus derechos.**

Si, tras leer esto, sientes que tu relación con el descanso no es la mejor y no puedes evitar fijarte en el número de horas de trabajo que has «perdido», en vez de valorar el tiempo de calidad y las energías tan necesarias que has «ganado», tienes que saber que **el sueño es la piedra angular de tu regulación emocional**.

Estoy segura de que alguna vez has dormido pocas horas, o la calidad de tu sueño ha sido deficiente (al final, una mala noche la puede tener cualquiera). Sin embargo, cuando esto no es un hecho puntual, sino que se mantiene en el tiempo, tu salud mental acaba perjudicada. Numerosos estudios, en especial uno de Breslau, han demostrado que se incrementa el **riesgo de sufrir depresión, ansiedad** o, incluso, el consumo y abuso de sustancias. Esto se explica porque la producción de la hormona de la felicidad (la serotonina) disminuye, mientras que la de la hormona del estrés (el cortisol) aumenta.

No obstante, si aun así piensas que te es más fácil lidiar con el agotamiento que con la culpa del descanso porque «todo el mundo está cansado y no tienes derecho a quejarte», quiero que tengas muy en cuenta que **el dolor no es una competencia** y no tienes que convencer a nadie más, que no seas tú misma, de que tus necesidades son importantes y merecen ser escuchadas y atendidas.

Además, por mucho que te hayas acostumbrado a sentirte así emocionalmente, te puedo asegurar que mantener ese ritmo no solo **repercute en tu salud mental**, sino **también en la física**. De hecho, según Pujol, doctor y experto en trastornos del sueño, algunas de las consecuencias más graves que pueden surgir a largo plazo son las siguientes: favorece el sobrepeso, disminuye el rendimiento físico, aparece la fatiga muscular, aumenta el riesgo de sufrir lesiones, accidentes, infecciones y enfermedades cardiovasculares o crónicas, y provoca el envejecimiento prematuro de la piel.

Si sigues pensando que descansar es sinónimo de perder el tiempo, es fundamental que sepas que **lo que de verdad es improductivo es privarte del descanso**. De hecho, según un estudio realizado por varios investigadores, entre ellos Alvarado, la falta de sueño afecta negativamente a los procesos mentales que te permiten recibir, procesar y elaborar la información de tu entorno. Tu capacidad de aprender y retener la información se reduce, el número de errores que puedes cometer se incrementa, te resulta más difícil resolver los problemas, buscar soluciones y tomar decisiones, tu concentración, tu rendimiento y tu productividad disminuyen y tu capacidad de razonar y de reaccionar se ralentiza o se «bloquea».

Datos curiosos sobre el descanso en las culturas del mundo:

- Los efectos por la falta de descanso son tan devastadores que, en algunos países (como Estados Unidos, Japón o Francia), se están acondicionando en las oficinas **espacios para que los empleados puedan dormir media hora** durante su jornada laboral.
- Si buscas en internet **«siesta en el trabajo»** en Japón y ves las imágenes, observarás que para ellos es muy normal echarse una siesta encima o debajo de su escritorio. Quizá pienses que es un comportamiento inadecuado o una señal de vaguería, pero en ese país es una práctica muy sabia conocida como *inemuri* («estar presente mientras se duerme»), que les permite recuperar la energía y la productividad.
- En China, el **derecho al descanso** está inscrito (desde 1948) en el artículo 43 de su Constitución, y se apoya en la filosofía del yin y el yang, para resaltar la importancia de alcanzar el equilibrio y la armonía interna.
- Durante el transcurso de la historia, han surgido diversas leyendas que han destacado la importancia del descanso. En Japón, la leyenda de **Amaterasu** nos transmite que el descanso es fundamental para restaurar la vitalidad y gestionar la tristeza. En Grecia, el **sueño de Morfeo** nos enseña que el sueño puede ser una forma de escapismo y de regeneración para el cuerpo y el alma. En la civilización maya, el cuento ***La luna y el sol*** nos recuerda que atender nuestras necesidades y proporcionarnos descanso es una práctica de cuidado personal.

Por tanto, resulta evidente que **necesitas descansar para cuidar tu salud física y mental** y preservar tus procesos mentales. Aun así, tu relación con el descanso no va a cambiar de la noche a la mañana. Si tus necesidades siempre han quedado detrás del «telón», traerlas al frente para convertirlas en las protagonistas de tu «escenario» no es ni sencillo ni inmediato. Debes actuar igual que cuando tu batería del móvil se apaga, porque estoy segura de que miras más las líneas de carga que le quedan que tu propio nivel de agotamiento. Por ello, si eres capaz de dejar lo que estabas haciendo para coger el cargador antes de que tu teléfono se apague, también **puedes hacer lo mismo antes de que tu energía se agote**.

Y, si te da miedo «perder el norte» de lo que estabas haciendo, siempre puedes dejarte unas notas escritas para que te sea más fácil retomar esa tarea. Recuerda que **no es lo mismo lo que quieres hacer que lo que necesitas hacer** de verdad. Por mucho que desees terminar un proyecto, si tu cuerpo te está rogando un descanso, necesitas dárselo. Y eso no significa que lo estés abandonando o renunciando: estás reconociendo que, como ser humano que eres, tienes unas necesidades básicas que necesitas atender. De esta manera, cuando después retomes tu proyecto, lo estarás haciendo con las energías renovadas y la mente despejada.

Sin embargo, no deberías esperar a que tu mente y tu cuerpo se agoten para poder descansar. Acostúmbrate a crear **«espacios de descanso predecibles»** para poder prevenir los daños y evitar llegar a la extenuación. Y, como la palabra «descanso» no suele formar parte de la lista de tareas de nuestra agenda, es fundamental que reserves huecos de tu calendario para darte esos espacios (como después de comer, al llegar del trabajo, etc.). De hecho, algunos estudios, como uno de Lahl, Lovato y Alger, han demostrado los beneficios de introducir la **siesta** en nuestra rutina:

- Si te echas una siesta de quince minutos, posteriormente tu rendimiento y tu atención habrán mejorado durante un tiempo limitado (entre una y tres horas).
- Si prolongas esa siesta durante treinta minutos, los beneficios mencionados se mantendrán durante un periodo más largo.
- Si los descansos duran alrededor de sesenta minutos, no solo habrás conseguido beneficiarte de lo anterior, sino que también

habrás consolidado nuevos recuerdos y nueva información en tu memoria a largo plazo.

Si tu cuerpo te pide más horas, busca en internet «Los diez mandamientos de la higiene del sueño». Comprobarás qué puedes hacer antes de dormir para mejorar la calidad de tu sueño.

Según Mednick, investigadora del sueño, incluso el simple acto de cerrar tus ojos durante unos minutos puede hacer que **el rendimiento de tu memoria aumente hasta casi un 43 %** en comparación con no tomarte un descanso.

Como no siempre vas a tener la opción de echarte una siesta, y tampoco se trata de que inviertas el resto de tus días en dormir constantemente, puedes llevar a cabo otras **acciones** que te ayuden a sumirte en un estado de relajación profunda:

- **Ejercicios de relajación muscular y de respiración profunda:** como los mencionados anteriormente en el capítulo 3, al hablar sobre la ansiedad y las emociones.
- **Meditación guiada:** puedes encontrar una gran variedad de vídeos en aplicaciones como YouTube.
- **Practicar yoga o pilates:** te permite hacer lo anterior en una misma actividad.
- **Contacto con la naturaleza:** tiene un efecto calmante y relajante para nuestro cuerpo y nuestra mente que muchas veces pasamos por alto o ignoramos.
- **Tomar el sol:** ofrece muchos beneficios, entre ellos, la liberación de endorfinas y serotonina, conocidas como «las hormonas de la felicidad».
- **Bañarse con agua caliente:** ayuda a aliviar la tensión corporal y a relajar los músculos.
- **Escuchar canciones que te gustan:** activa los sistemas de recompensa de tu cerebro y se libera dopamina, «la hormona del

bienestar». De hecho, en aplicaciones como Spotify tienes una gran variedad de listas relajantes, como la que estoy escuchando ahora mismo («*Calming Nature Music*») mientras escribo.

Aunque estas recomendaciones son generalizadas, no olvides incorporar en tu rutina aquellas que más se adapten a tus gustos y te ayuden a desconectar. Recuerda que reconocer que tu nivel de energía es bajo y que necesitas un descanso no es un signo de debilidad, sino un **acto de valentía y de autoconocimiento**.

El descanso es como un faro en medio de una tormenta: cuando la sociedad te anima constantemente a embarcarte en la interminable búsqueda del éxito y la productividad, su luz puede parecer un obstáculo o una distracción en medio del camino. Sin embargo, este faro que brilla en la oscuridad es esencial para guiar a los navegantes hacia la seguridad de su puerto, que no se pierdan en medio de la tempestad y que no naufraguen por las rocas o el agotamiento. Así pues, **el descanso es esa señal que te recuerda que necesitas renovar tus energías**, para poder continuar tu viaje con más claridad y propósito.

Por otra parte, además de descansar menos para hacer más cosas «productivas», en los últimos años también se ha empezado a hablar de «*Revenge bedtime procrastination*» (**posponer la hora de dormir para tener más tiempo libre**). Este concepto, que cada vez está siendo más viral en redes sociales, hace referencia al acto de retrasar la hora de descanso, cuando este es el único momento libre que se tiene para emplearlo en el ocio y en otras actividades. De esta manera, se procrastina el sueño para hacer otras cosas que, por lo general, no tienen cabida en el resto del día. Por ejemplo:

Si como madre o padre el único momento libre que tienes tras finalizar tu jornada laboral y dar de cenar a tus pequeños es cuando estos se acuestan, puedes pasarte horas después navegando por las redes sociales.

Si terminas tarde un proyecto del trabajo que tienes que entregar al día siguiente, antes de dormir puedes decidir ponerte un capítulo de la serie que estás viendo.

Esas decisiones surgen de la idea de desconectar de tu rutina e introducir algo de libertad y disfrute, pero quitarte horas de sueño y de descanso no es la mejor solución para tu salud física y mental. Por ello, si crees que esto representa tu situación actual, veremos cómo adaptar ese ocio y esas actividades en tu rutina, sin que tengas que quitarte tiempo de descanso. Por el contrario, si sientes que te sucede lo opuesto (el ocio y las actividades brillan por su ausencia), también te ofreceré herramientas que te ayudarán a introducirlas para que puedas desconectar de tu rutina, recuperar el disfrute y vivir con sentido.

El ocio y las actividades para vivir con sentido

¿Te quitas horas de sueño y de descanso para poder sacar tiempo de ocio? ¿Has dejado a un lado tus aficiones para dar más espacio a otras tareas o al trabajo? ¿Estás tan agotada que terminas cancelando tus planes en el último momento? ¿Hacer ciertas actividades te supone un gran esfuerzo? ¿O ni siquiera disfrutas haciéndolas porque tu situación laboral actual te ha «quitado» hasta eso? Si te has sentido identificada con estas preguntas y no entiendes cómo has podido llegar a ese punto, es muy posible que te encuentres **inmersa en este bucle**:

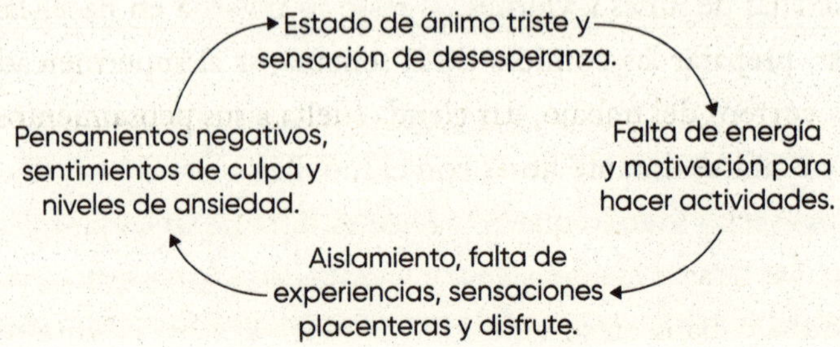

Cuando tu ámbito de trabajo es absorbente y agotador, es imprescindible compaginar la rutina con otras actividades placenteras y disfrutables, y encontrar un equilibrio entre la vida personal y laboral. De hecho, según un estudio realizado por González y Vanegas-Farfano, invertir tiempo en pasatiempos, aficiones o interacciones sociales ayuda a gestionar el estrés y el *burnout*, e influye de manera positiva en el bienestar psicológico y físico. Por eso es fundamental romper ese bucle del cual muy probablemente no eras consciente de que formabas parte. Y, precisamente, una manera de hacerlo es a través del ocio y las actividades agradables.

Bajo mi experiencia acompañando a personas en su proceso terapéutico, he identificado dos **grandes obstáculos** a la hora de introducir o fomentar el ocio y las actividades en sus rutinas: «No tengo tiempo» y «¿Para qué? Si no disfruto haciéndolas».

Cuando Adriana me expresó que no tenía tiempo en su vida para hacer actividades como leer, ir al cine o quedar con sus amigas, le mandé hacer un registro diario para que apuntara, durante una semana, todas las cosas que hacía y el tiempo que empleaba.

Fecha del día	Actividad realizada	Hora de comienzo	Hora de finalización

* Plantilla de ejemplo del registro utilizado.

Gracias a ese registro descubrimos que, aunque su trabajo le ocupaba todas mañanas de lunes a viernes, el resto lo invertía en hacer las tareas del hogar, preparar las comidas de la semana, ir al supermercado, responder a correos del trabajo, dar rienda suelta a sus pensamientos catastróficos y evadirse durante horas con el móvil.

Ver por escrito todo lo que había hecho durante su semana y calcular las horas invertidas le ayudó a ser consciente de la alarmante cantidad de tiempo que ocupaba en su vida. Comprendió que **no es que «no tuviera tiempo», sino que su tiempo estaba mal distribuido** y estaba invirtiendo demasiado en actividades que no le proporcionaban ni disfrute ni placer. Por ello, poco a poco, introdujo los siguientes **cambios** en su rutina:

- Decidió mantener en el día a día **las tareas del hogar que fueran esenciales** y las restantes las agrupó para hacerlas solo unos días en concreto.
- Aunque invertía tiempo en preparar sus comidas y esta era una actividad que le gustaba, había dejado de disfrutarla porque su ritmo de vida, siempre tan acelerado, le había llevado a «automatizarla». Por tanto, mantuvo esta actividad, pero la empezó a acompañar con música y se centró en los detalles de lo que hacía para **ser más consciente del proceso y disfrutarlo**.
- Para no ir tantas veces al supermercado, comenzó a hacer una lista de las comidas de la semana y los ingredientes que necesitaba para **reducir su frecuencia**.
- Con el objetivo de separar su vida personal y laboral, decidió **responder únicamente a los correos durante su jornada** de trabajo.
- Entendió que ignorar sus pensamientos no era la solución que necesitaba, pues eran importantes y surgían por algún motivo. Así que **hizo una «balanza» entre atenderlos**, escucharlos y gestionarlos (a través de unas técnicas y pautas) **y hacer otras actividades** para que no monopolizaran todo su tiempo libre.
- Aunque el uso del móvil puede ser una forma de escape y también de desahogo, Adriana comprendió que, en vez de pasar tantas horas chateando con sus amigas, era más beneficioso y fructífero **introducir más ocio** con ellas en persona. En lugar de estar durante horas en las redes sociales, podía dedicarle parte de ese tiempo a sus aficiones u otras actividades.

Tras aplicar estos cambios, Adriana consiguió liberar tiempo de su rutina para quedar más con sus amistades, realizar las actividades que había estado dejando de lado e, incluso, introducir otras nuevas que llevaba tiempo queriendo hacer.

Un día tiene veinticuatro horas o, lo que es lo mismo, 1.440 minutos. Si le restas las horas laborales, ¿cuánto tiempo te queda? Si puedes trabajar ocho horas para otra persona, también **puedes sacar al menos dos horas para ti,** en términos de autocuidado y disfrute.

Por otra parte, si te cuesta encontrar una razón de peso para hacer estas actividades, porque no disfrutas con ellas como antes, tienes que saber que esto es normal. Al final estás viviendo una situación muy estresante que puede haber hecho que tu sistema nervioso simpático esté hiperactivado, lo que se traduce en un estado de tensión y alerta constantes. De esta manera, al entrar **en «modo supervivencia», tu disfrute queda en un segundo plano**.

Sin embargo, realizar **actividades agradables o de ocio ayuda a que se active tu sistema nervioso parasimpático** (aquel que promueve la relajación y la recuperación), lo que ayuda a reducir tus niveles de estrés y regular tus emociones. Por tanto, puedes interpretar esa «no-apetencia» como la señal que necesitas para ponerte en marcha.

Piensa que es una recompensa a largo plazo: **lo que haces hoy, aunque te suponga un esfuerzo** consciente y no tenga una recompensa inmediata, **en el futuro será un acto tan natural** como respirar y podrás recuperar el disfrute y placer.

EJERCICIO

¿Cómo cambiaría tu vida si te concedieras el tiempo y el espacio que necesitas para introducir esas actividades que hacen que esta tenga un sentido y merezca la pena vivirla? Primero, realiza una «lluvia de ideas» de las actividades que podrías introducir en tu rutina. Piensa en aquellas actividades que hacías antes, que mantienes actualmente o que te gustaría hacer en algún momento, porque te llaman la atención o porque crees que te podrían gustar.

Actividades agradables pasadas	Actividades agradables presentes	Actividades agradables futuras
Por ejemplo: • Tocar la guitarra • Clases de dibujo	Por ejemplo: • Quedar con las amigas • Leer un libro	Por ejemplo: • Hacer cerámica • Clases de baile

Posdata: intenta recordar tus preferencias y gustos antes de que el *burnout* estuviera presente en tu vida, porque, si lo haces desde tu estado de ánimo actual, es probable que surjan menos.

Una vez que tengas las listas redactadas, es el momento de elegir por dónde empezar. Para ello, puedes valorar el grado de dificultad y de disfrute de cada una de ellas. Como nunca has hecho aquellas que pusiste en la casilla de «futuras», bastará con que hagas una posible estimación de cómo crees que te puedes sentir al hacerlas.

Actividades agradables pasadas	Dificultad (1 poco - 10 mucho)	Disfrute (1 poco - 10 mucho)
• Tocar la guitarra	4	9
• Clases de dibujo	5	7

Actividades agradables presentes	Dificultad (1 poco - 10 mucho)	Disfrute (1 poco - 10 mucho)
• Quedar con las amigas	6	10
• Leer un libro	2	8

Actividades agradables futuras	Dificultad (1 poco - 10 mucho)	Disfrute (1 poco - 10 mucho)
• Hacer cerámica	¿4?	¿8?
• Clases de baile	¿7?	¿9?

Después de haber valorado el grado de dificultad y disfrute de cada una de ellas, te recomiendo que hagas una planificación semanal en la que escribas aquellas actividades que haces, e incorpores dos o tres de las pasadas (aunque estas se pueden repetir a lo largo de la semana). No te preocupes por las actividades futuras, las añadiremos más adelante.

DÍA	Mañana	Tarde
LUNES		Hacer natación
MARTES		
MIÉRCOLES		Clases de dibujo
JUEVES		
VIERNES		Quedar con las amigas
SÁBADO	Tocar la guitarra	Ir al cine
DOMINGO	Quedar con las amigas	Leer un libro

Posdata: el ejemplo anterior es ilustrativo. No tienes que hacer el mismo número de actividades o seguir la misma frecuencia. De hecho, para que este ejercicio sea lo más efectivo posible, debes tener en cuenta tu rutina, el resto de las tareas que haces diariamente, tus niveles de energía y tu estado de ánimo.

Ten en cuenta que pueden surgir imprevistos que no habías contemplado que hagan que no cumplas con tu planificación; o tal vez te estés exigiendo demasiado. Por ello, es mejor que empieces con pocas y, una vez que las realices, añadas más y las intercales en distintas semanas. Después de haber realizado varias planificaciones semanales con éxito, prueba a introducir una o dos actividades futuras siguiendo los mismos pasos que antes.

También te recomiendo llevar un registro de todas aquellas actividades que vayas haciendo, para reflejar por escrito cómo te hacen sentir. Así, cuando vuelvas a leer tus palabras, recordarás lo importante que es hacerlas.

DÍA	Actividad realizada	Nivel de agrado (1 poco - 10 mucho)	Lo que más me gustó	Nivel de desconexión (1 poco - 10 mucho)
LUNES	Hacer cerámica	9	Conocer a gente y descubrir un nuevo pasatiempo	7

No te olvides de **introducir momentos de desahogo emocional** cuando más lo necesites. Aunque esta no sea una actividad con fines recreativos, el apoyo social es otra de nuestras necesidades más básicas como seres humanos. Reconocer que no estás bien por tu situación laboral y expresarlo a tu entorno más cercano te permite dejarte sostener por los demás y **soltar la «máscara» que te pones para enfrentar el mundo y fingir que todo es perfecto**.

De hecho, la neuróloga Leep Hunderfund demostró que tener **apoyo social** (tu mejor amiga, tu pareja, tu entorno familiar o esa compañera del trabajo que es como otra amiga) alivia el *burnout*, **equilibra el bienestar psicológico y tambien aumenta la satisfacción personal**. Y, como precisamente el *burnout* te puede llevar a aislarte socialmente, es fundamental que busques apoyo, aunque no estés acostumbrada a pedir ayuda.

Sin embargo, como no siempre vamos a tener disponible esa ayuda externa, o a veces no es como nos esperamos, es necesario que también aprendamos otras prácticas para contrarrestar el *burnout* y la sensación de vivir en modo automático. Estas nos ayudan a **vivir de manera más consciente y plena**, en lugar de simplemente sobrevivir.

Ejercicios y prácticas de atención plena

Cuando suena tu despertador por la mañana, es probable que, como el resto de los días, te plantees durante unos segundos la idea de seguir durmiendo. Sin embargo, tus párpados se terminan abriendo y, como si estuvieran movidos por hilos invisibles, tus manos te ayudan a incorporarte y tus pies se deslizan al borde de la cama. Sin apenas ser consciente, ya estás en la ducha: el agua que cae sobre ti y despeja los últimos resquicios de tu sueño. Al salir del baño te diriges al armario y escoges la ropa que te vas a poner, estiras los brazos para ponerte la parte de arriba y te agachas para ponerte la de abajo. Es como si estuvieras haciendo una coreografía que hubieras ensayado cientos de veces. Cuando quieres darte cuenta, ya tienes una taza de café en tus manos y, mientras apuras su contenido, comes algo sin llegar a saborearlo. Lo siguiente que recuerdas es entrar al trabajo, porque hasta el trayecto que estás tan acostumbrada a hacer no tiene nada de destacable. Así, como un títere, **pasas por cada etapa de tu rutina como si unos hilos invisibles hubieran dirigido las acciones de tu día**, sin apenas haber sido consciente de ellas.

Si crees que la descripción anterior representa tu situación actual, porque lo has hecho cientos de veces, lo más probable es que **vivas en «piloto automático»**. Seguramente tu mente activó dicho mecanismo, para que pudieras «hacer frente» a lo repetitivo de tu rutina y te amoldaras a su ritmo frenético. Sin embargo, cuando dejas de prestar atención a lo que haces o a lo que te rodea, corres el **riesgo de perder gran parte de tu vida**. Es cierto que tener cierto nivel de repetición y previsibilidad te ayuda a sentirte segura y a tener las cosas «bajo control», pero, cuando son demasiado frecuentes, puede surgir desinterés, insatisfacción y malestar por la rutina. Es como si fueras una espectadora pasiva de tu vida, **en vez de ser la protagonista principal** de ella.

Cuando todavía estaba en la etapa inicial de este libro, decidí irme unos días a París para probar la experiencia de hacer un viaje sola. Y, aunque es una ciudad preciosa que tiene una gran variedad de actividades para hacer, ¿sabes qué fue lo que más me gustó de ese viaje? No fueron los monumentos y lugares que visité (y no porque no me gustaran, porque lo hicieron), sino esas pequeñas acciones que me permitieron valorar el presente y disfrutar del momento.

En vez de ir corriendo a los sitios para visitar muchos, decidí ver menos para sentarme cerca de ellos y apreciar las vistas que me ofrecían. En vez de usar el transporte público para «ahorrar» tiempo, decidí ir andando para «empaparme» del ambiente parisino y de todos sus estímulos. En vez de desayunar en cualquiera de las cafeterías que me encontraba por el camino, decidí coger algo para llevar y sentarme en algún sitio bonito, mientras saboreaba la comida sin dejarme arrastrar por las prisas. Y, en vez de aprovechar mis últimas horas libres en París para visitar todavía más sitios, decidí sentarme en la orilla del río, disfrutar de la agradable sensación de los rayos del sol y leer un libro.

A ojos de algunas personas, estas acciones pudieron ser «desaprovechadas», porque ese ritmo tan frenético al que nos hemos acostumbrado también puede hacer mella en el ocio y llevanos a seguir una agenda ajetreada y organizada al milímetro. Sin embargo, para otras personas, los viajes implican dejar «todo lo malo en casa» y hacer cosas que, por lo general, en su vida cotidiana no harían. ¿Cómo cambiaría nuestra vida si nos permitiéramos hacer las mismas actividades y vivir el presente de la misma manera que lo hacemos cuando viajamos? No deberíamos tener que elegir **«vivir de verdad»** únicamente cuando viajamos; **debería ser una constante en nuestra vida** diaria.

Los primeros en darse cuenta de los beneficios de vivir el presente fueron los budistas. Estos nos llevan miles de años de ventaja en cuanto a prácticas de meditación. Tuvimos que esperar hasta la década de los sesenta: es cuando el médico Kabat-Zinn, tras residir un tiempo en India estudiando estas costumbres budistas, descubrió sus beneficios para reducir el estrés y llevó esta práctica a Occidente con el nombre de *mindfulness* (traducción de la palabra *sati* en pali, que significa «recordar»).

Desde entonces, han ido surgiendo una gran variedad de propuestas que nos ayudan a poner el foco en el presente y nos recuerdan el acto de vivir, a través de la atención y la calma. Por ello, te animo a poner en práctica a partir de ahora los siguientes **ejercicios** para que sean una parte más de tu rutina diaria:

EJERCICIO

Alimentación consciente

Comiendo. Estamos acostumbradas a comer rápido y saborear poco. Para romper con ese hábito, sigue estos pasos:

- Activa el sentido del olfato: ¿cómo huele? ¿Qué olores percibes? ¿Te abren el apetito?
- Haz lo mismo con la vista: ¿qué alimentos observas? ¿Qué colores distingues? ¿Cuáles son las sensaciones que te generan?
- Coge un poco de su contenido con tu tenedor o cuchara y, tras volver a olerlo y observarlo de cerca, llévalo a tu boca y mastícalo durante varios segundos. ¿Qué sabores percibes? ¿Sabe como te imaginabas? ¿Cómo es la textura? ¿Y la temperatura es la correcta?
- Deja a un lado el resto de las preocupaciones y pon el foco en tus sentidos mientras comes.

Bebiendo. Prepárate un café o un té y agarra la taza con tus manos.

- ¿Cómo está la temperatura? ¿Tus manos notan la agradable sensación del calor?
- Ahora lleva la taza a tus labios y siente cómo el vapor toca tu cara. Respira profundamente para sentir su aroma: ¿qué notas percibes?
- Toma un pequeño sorbo y deja que el líquido inunde tu paladar: ¿está demasiado caliente o está tibio? ¿Te gusta el sabor?
- Disfruta de las sensaciones y no te apresures a apurar su contenido demasiado rápido.

EJERCICIO

Escaneo corporal

1. Túmbate o siéntate en un lugar cómodo y silencioso.
2. Cierra los ojos, suelta todo el peso de tu cuerpo como si te «desinflaras» y siente el contacto y la textura de la superficie en la que estás apoyada.
3. Pon la atención en la respiración y en las sensaciones que provoca en tu cuerpo. Puedes colocar las manos en el abdomen para ser más consciente de cómo se hincha y se deshincha cuando el aire entra y sale de tu cuerpo.
4. Después de unos minutos así, vamos a hacer un «barrido» por todas las zonas del cuerpo, para percibir las sensaciones corporales. Empezaremos desde abajo hasta arriba.
5. Ahora focalízate en tus pies: ¿están fríos o calientes? ¿Sientes dolor, tensión o incomodidad? ¿Notas un hormigueo agradable en la piel? ¿O simplemente están relajados? Repítete estas mismas preguntas mientras, mentalmente, vas desplazando la atención hacia arriba (piernas, abdomen, espalda, hombros, brazos, manos, cuello, etc.), hasta llegar a tu cabeza.
6. Si en algún momento sintieras incomodidad, pon el foco en esa zona. Suaviza la postura, céntrate en el ritmo de tu respiración y vuelve a empezar.
7. Cuando termines, observa tu cuerpo como si fuera el conjunto de un «todo» y reflexiona sobre las sensaciones finales: ¿cómo te sientes? ¿Tu cuerpo está más relajado? ¿Necesitas volver a poner la atención en alguna zona en concreto?
8. Cuando hayas terminado de realizar los pasos anteriores y estés lista, abre lentamente los ojos y sal de esa postura de manera suave y relajada.

EJERCICIO

Ejercicios de visualización

Piensa en un recuerdo agradable del pasado o en un lugar que te genere calma. Después, cierra los ojos. Mediante los sentidos, visualiza, lo más detalladamente posible, el escenario que has escogido. Si, por ejemplo, hubieras escogido la playa, algunas de las cosas que podrías visualizar serían:

- La arena de color crema, su suave textura al caminar por ella y el agradable hormigueo que sientes en la planta de tu pie al sentir el calor que ha retenido.
- El mar azulado que se pierde a la vista, el sonido relajante que hace al avanzar y retroceder por la orilla, su característico olor, el regusto salado que te deja en la boca y la sensación que sientes en los pies con el primer contacto del agua.
- El cielo despejado con el sol en lo alto, la sensación que percibes en tu piel, la agradable temperatura y el sonido de las gaviotas sobrevolando.

EJERCICIO

STOP: detén el piloto automático y ánclate en el presente

1. **S-TOP.** Para lo que estés haciendo, cierra los ojos y concédete un minuto.
2. **T-OMA UN RESPIRO.** Dirige toda tu atención a tu respiración: esta puede funcionar como un ancla para traerte al momento presente. Una manera más «dinámica» para hacer respiraciones conscientes es imaginar que tienes delante un perfume que huele muy bien (así inhalas profunda y lentamente) y una vela que tienes que apagar soplando (así exhalas profunda y lentamente).

3. **O-BSERVA.** Observa todo lo que está sucediendo en tu interior: ¿qué pensamientos tienes? ¿Qué imágenes pasan por tu mente? ¿Qué emociones estás sintiendo? ¿Qué sensaciones físicas percibes en tu cuerpo?
4. **P-ROCEDE.** Procede con lo que estabas haciendo y ten en cuenta la información que has obtenido en el paso anterior. ¿Es necesario hacer algún ajuste? ¿Tu cuerpo puede continuar? ¿Necesita que le des un descanso?

Además de los ejercicios anteriores, también puedes **introducir cambios o novedades en tu rutina**, para salir de tu cotidianidad y «alimentar» a tu cerebro con nuevos estímulos: hacer un trayecto distinto en coche para llegar al mismo destino, mirar por la ventanilla del autobús en vez de recurrir al teléfono, pasear por calles distintas a las habituales, sentarte en un banco y percibir tranquilamente con tus sentidos todo lo que te rodea, etc.

En un mundo que avanza a toda velocidad, elegir **estar presente es como abrir los ojos y mirar por la ventana de ese tren que representa la vida**. Te permites apreciar las vistas que te ofrece el viaje y sentir las emociones que te transmiten, **en lugar de ser una pasajera** que simplemente se deja llevar y no mira cómo su vida pasa al lado de ella.

4

CUÁNDO HABRÍA QUE HABLAR DE DEJAR EL TRABAJO

Estoy convencida de que lo que más deseas ahora mismo es tener una respuesta clara para saciar esa pregunta que durante tanto tiempo ha estado rondando por tu mente: **«¿Cómo sé cuándo debería dejar mi trabajo?»**.

Es probable que estés dirigiendo toda tu atención a estas palabras y que estés agarrando el libro con la misma urgencia con la que te aferrarías a un salvavidas en medio de una tormenta (y, si tienes la sensación de que te estás «ahogando» en el trabajo, seguramente esta metáfora no se aleje tanto de tu realidad).

Incluso puede que, precisamente por eso, hayas abierto el libro directamente en esta página o hayas adelantado tu lectura hasta aquí, para poder resolver cuanto antes esa cuestión existencial que tanto malestar te está generando. Si es así, y aunque entiendo las razones que te han llevado a hacerlo, siento decirte que nada de lo que te voy a exponer a continuación tiene sentido si te has saltado todo lo anterior. No tengas prisa por llegar hasta aquí: **cada fragmento de lo que leas y cada ejercicio que hagas es clave** y puede marcar la diferencia a la hora de responder a esa «gran pregunta».

Pese a ello, es importante que sepas que llegar hasta este momento no implica necesariamente haber observado cambios en ti misma o en tu entorno laboral. Para que estos se produzcan, es imprescindible trasladar lo que has aprendido a tu vida cotidiana, llevarlo a la práctica de manera constante y mantener esos hábitos en el tiempo. Así que, con tu permiso, voy a contestar a tu pregunta con otras preguntas:

¿Qué cambios deberían producirse en tu trabajo para que no te plantearas dejarlo?

Hacerte la pregunta contraria puede ofrecerte respuestas muy reveladoras. Sin embargo, estos cambios **tienen que ser factibles y realistas**. Por mucho que te gustaría cambiar la personalidad de tu jefe, que cierto compañero del trabajo entregara su carta de renuncia, que ganases el doble de tu sueldo o que tuvieras que hacer muy pocas tareas, sabemos que no existe una barita mágica que te permita conseguir ese tipo de modificaciones.

¿Qué prácticas podrías realizar para impulsar estos cambios?

¿Qué técnicas y herramientas has aprendido para gestionar tu ansiedad, tus emociones y tus pensamientos intrusivos? ¿Cómo puedes reducir tu perfeccionismo, organizar tus tareas y distribuir tu tiempo cuando sientes que te faltan más horas y manos para llegar a todo? ¿Qué puedes hacer para protegerte de los «vampiros energéticos»? ¿Cómo puedes afrontar los problemas que surgen en tu trabajo? ¿Qué cambios puedes llevar a cabo en tu rutina para introducir el ocio, las actividades agradables y el descanso? ¿Cómo puedes salir del «piloto automático» y poner el foco en el presente?

No dejes que la información que has aprendido durante tu lectura se quede olvidada en una estantería. Toma notas en un cuaderno, apunta las técnicas y los ejercicios en el móvil, subraya lo que consideres más importante y haz uso de pósits. Recuerda que **este libro es tu lugar seguro**, así que **puedes volver a él siempre que lo necesites**, para repasar los capítulos y releer sus páginas tantas veces como hagan falta. Yo estaré ahí esperándote para guiarte y acompañarte en el proceso.

Y no olvides que tienes que ser paciente contigo misma. Al final, estás modificando unos hábitos y aprendizajes que llevan toda la vida contigo, para introducir otros que pueden ser completamente opuestos o nuevos. Por ello, no pasa nada si necesitas recurrir a este libro para conseguirlo, si no lo logras a la primera o si, después de hacerlo, no pasa lo mismo la siguiente vez. Aunque no lo veas, hay un trabajo de fondo y que se va acumulando para que el día de mañana priorizarte y cuidarte no suponga tanto un esfuerzo consciente, sino que sea un hábito más de tu rutina y una necesidad tan básica como dormir.

¿Qué plazo estás dispuesta a darte para comprobar si se producen esos cambios?

Teniendo en cuenta tu situación laboral y tu nivel de agotamiento actual, fíjate **un plazo de tiempo con el que te sientas cómoda**, para que puedas evaluar la presencia y efectividad de estas modificaciones. Este plazo de tiempo no tiene por qué ser exacto, podría tratarse de una estimación. No obstante, si en algún momento lo necesitas modificar para ampliarlo (porque consideras que no has tenido el margen suficiente) o reducirlo (porque tu cuerpo y tu salud mental te lo están pidiendo a gritos), te recomiendo encarecidamente que lo hagas.

También te sería de gran ayuda que, durante ese plazo, lleves un registro diario de tu jornada laboral parecido a este:

Pensamientos intrusivos	Emociones y nivel de ansiedad	Prácticas realizadas	Limitaciones encontradas	Cambios conseguidos
¿Qué pensamientos han surgido a lo largo de tu jornada y cuánto malestar te han generado?	¿Qué emociones has identificado y cuánta ansiedad has sentido?	¿Qué acciones, de las que has aprendido, has podido realizar?	¿Qué dificultades internas o externas te has encontrado en el paso anterior?	¿En qué medida te has acercado a esos cambios que necesitas conseguir?

De esta manera, cuando dudes de ti misma, de tus emociones o de tu situación en el trabajo, dispondrás de un recurso en el que apoyarte y recordarte que lo que pusiste en él no solo es importante, sino que también es verídico y merece ser tenido en cuenta.

Cuando llegues a la recta final del plazo que te pusiste, básate en todo lo que hemos hablado en estas páginas y en ese registro diario que has estado escribiendo para hacer una valoración global: ¿se han producido esos cambios que necesitabas para que no te plantees la idea de dejar tu trabajo? Si no has conseguido todos, ¿cuánto de importantes eran esas modificaciones? ¿Es suficiente con los que sí se han producido?

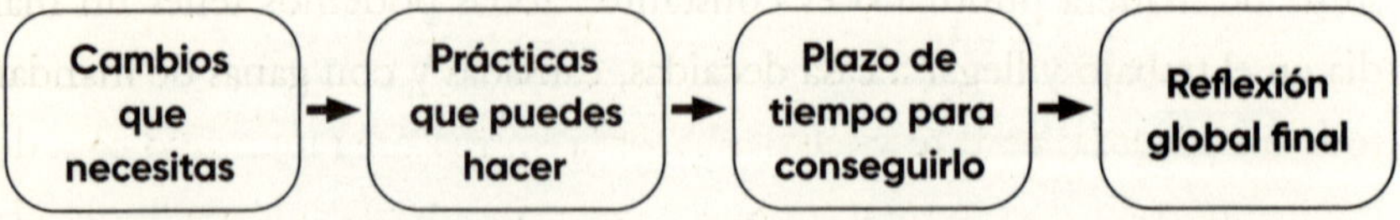

Es normal que tengas miedo de equivocarte

Si tras hacer la valoración global anterior has visto hacia qué lado se inclina la «balanza» y has empezado a sentir un nudo en el estómago, quiero que sepas que lo entiendo y que **es normal sentir miedo**. Incluso puede que ahora mismo se te estén ocurriendo razones que justifiquen tu malestar en el trabajo: «No es para tanto»; «¿Quién no está estresado por el trabajo?»; «No soy la única que se siente quemada»; etc.

Si además de eso las veces en las que has expresado tu malestar por el trabajo te han invalidado y te han dicho que «todo el mundo está igual», que «ya nadie quiere trabajar duro» o que «lo único que tienes que hacer es no pensarlo», es normal que te replantees todo lo que crees saber y que acabes dudando hasta de tu propio juicio. Sin embargo, **nadie puede validar y entender tu dolor como tú misma**, porque solo tú sabes con profundidad lo que has vivido y el coste que estás pagando. Y, si tienes dudas, fíjate en las señales que te manda tu cuerpo, cuando la ansiedad se activa o las emociones hacen acto de presencia, porque esa es su manera de comunicarse contigo.

De hecho, esos pensamientos que tienes y esas contestaciones que te dan te recuerdan lo importante que es **cuidarse y protegerse en una sociedad que se ha acostumbrado a quemarse trabajando** y «sobrevivir», en vez de vivir.

Aunque es cierto que algunos trabajos pueden ser más estresantes que otros (sobre todo aquellos de cara al público), **no es lo mismo el estrés de un puesto o de un «pico alto» de trabajo que sentir estrés de manera prolongada**. Pregúntate lo siguiente: ¿esa ansiedad que sientes surge de manera puntual o es constante? Todas podemos tener un mal día en el trabajo y llegar a casa decaídas, cansadas y con ganas de mandar todo a la mierda, pero te vuelvo a hacer la misma pregunta: ¿eso pasa de manera puntual o es constante? Si ante este tipo de reflexiones llegas a la conclusión de que no son hechos puntuales, estás trabajando con *burnout*. Y, querida, siento decirte que **no te van a dar ninguna medalla por quemarte**.

Y es que lo que nos prometen en el trabajo a veces no se corresponde con la realidad, y las condiciones y necesidades laborales básicas que deberíamos tener a veces ni siquiera están. ¿Y cuáles son estas necesidades y condiciones?

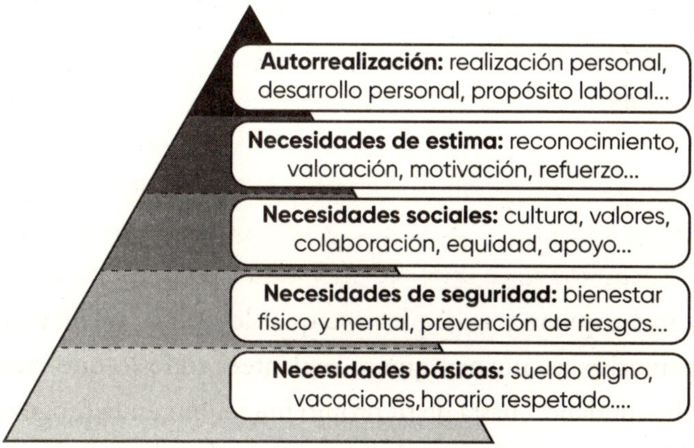

Si tras leer esta pirámide de Maslow sientes que tu balanza se ha inclinado todavía más hacia el lado de «he hecho todo cuanto estaba en mi mano y sigue sin ser suficiente», **quizá ha llegado el momento de valorar detenidamente la idea de dejar ese trabajo**.

Porque la verdad, la cual no deja de ser menos cierta por más que otros la nieguen o no quieran verla, es la siguiente: deberíamos trabajar atendiendo nuestras necesidades y escuchando lo que nuestro cuerpo nos pide, el ocio no debería ser tan escaso, el descanso no debería ser un privilegio o una recompensa y el trato en el trabajo no debería ser tan desigual e injusto. Pero, como no depende de ti, ni es tu responsabilidad, cambiar las creencias y los valores de la sociedad o corregir las prácticas y condiciones de tu empresa, centrémonos en lo que sí puedes hacer.

En el caso de que te preocupe no saber cuál es **«el momento perfecto»** para dejar tu trabajo, déjame decirte que no existe. Si esta respuesta te parece desalentadora, en realidad supone un alivio, pues te estarás liberando de la presión y responsabilidad de buscar el «momento perfecto».

Pero, si el miedo a lo que te puede deparar el futuro te bloquea, siento decirte que tampoco existe una «bola mágica» que te dé esa respuesta, pero sí puedo decirte que, por mucho que te refuerces a ti misma y valores tus logros y cualidades, no hay recursos suficientes para proteger tu autoestima de los daños que causa lidiar diariamente con un jefe manipulador y crítico. Por mucho que aprendas a poner límites, hay personas que siempre estarán dispuestas a saltárselos. Y, por mucho que aprendas a organizar tus tareas, no puedes distribuir tu tiempo para gestionar una carga de trabajo para la que se necesitarían varias personas. Si te has sentido identificada con algunos de estos ejemplos, tienes que saber que **permanecer en esas condiciones seguramente te garantice más agotamiento** y sufrimiento.

Por ello, es normal que tengas miedo de equivocarte y lanzarte a lo desconocido, pero **más miedo nos debería dar la idea de no aprender nunca** y de quedarnos en «lo malo conocido».

Elaboremos juntas un plan de acción

No es ni fácil ni agradable plantearse dejar un trabajo, sobre todo cuando tienes hipotecas, alquileres u otros gastos que pagar, o hijos que mantener. No se trata, sin embargo, de saltar al vacío sin pensarlo o sin usar paracaídas: **vamos a desarrollar un plan de acción** que te ayude a prepararte para ese momento y que te aporte seguridad y dirección.

PASO 1
Comunica tu situación actual a la persona más adecuada de tu trabajo

¿Cuál es la información que quieres transmitir? ¿En qué hechos o situaciones puedes basarte? ¿De qué manera podrías expresar cómo te está afectando tu situación laboral? ¿Cuáles son las necesidades básicas, del trabajo o de ti misma, que no se están cubriendo o respetando? ¿Qué objetivo esperas conseguir al transmitir ese mensaje?

Contesta a todas estas preguntas y **elabora un escrito que te ayude a preparar esa conversación** con tu superior, con recursos humanos o con la persona del trabajo que consideras que necesita saberlo o puede ayudarte. Volver a repasar los capítulos de los problemas en el trabajo y los límites personales será una gran ayuda en este punto.

PASO 2
Si no se producen cambios, acepta que has intentado todo lo que has podido

Si, tras hacer el paso anterior, no se han producido mejorías o cambios, solo te queda **aceptar que has hecho todo cuanto estaba en tus manos**. Y eso no es una derrota, porque, como señala un dicho generalmente atribuido a Napoleón, «una retirada a tiempo también es una victoria».

Una vez que aceptes esto, tu comportamiento cambiará: la sensación de estar «atrapada» en el trabajo no será tan demoledora y los días resultarán más llevaderos, al ser consciente de que solo estarás ahí hasta que la solución que estás poniendo en marcha se materialice.

PASO 3
Baraja todas las alternativas posibles, dentro y fuera de tu trabajo

Haz una **«lluvia de ideas» de todas las soluciones posibles**: ¿cambiar de puesto de trabajo dentro de tu empresa o aceptar una contraoferta interna sería una solución? ¿Tu nivel de *burnout* surge por las condiciones, el ambiente y las formas de trabajar y de actuar de tu empresa en general?

Si te decantas por la segunda opción, ¿en qué sector te gustaría cambiar? ¿Qué puestos de trabajo valorarías? ¿Qué tipo de contrato buscarías? ¿Y en qué horario? ¿Cuáles serían las condiciones mínimas que necesitarías que se cubrieran? Redacta un texto con las respuestas a estas preguntas y con cualquier otro dato que consideres relevante, para tener una «ruta de acción».

PASO 4
Echa mano de tu currículum y prepárate para posibles entrevistas

Actualiza la información de tu **currículum**, revisa que no falte nada y no te olvides de destacar las aptitudes y habilidades que tienes (aunque a veces te cueste verlas). Cuando busques ofertas de trabajo, básate en esa «ruta de acción» que has elaborado en el paso anterior.

Recuerda ser paciente contigo misma: una vez que envíes tu currículum, no puedes saber cuándo te llamarán para hacerte una entrevista, ni tampoco puedes controlar las exigencias o necesidades del puesto a cubrir. Es normal sentir que te desanimas en el proceso; recuerda, no obstante, que es mejor enviar docenas de solicitudes que rendirte, no hacer absolutamente nada y continuar quemándote. Cuantas más oportunidades laborales solicites y más veces envíes tu currículum, más posibilidades tendrás.

Cuando te citen para una entrevista, no te olvides de **hacer las preguntas que consideres para comprobar si ese puesto también te agotará**. Puedes preguntar por qué está vacante, cuáles son las responsabilidades o tareas que harías, cómo se estructura el equipo de trabajo, cuáles son los retos y oportunidades que ofrece la empresa, etc.

PASO 5
Cuando tengas una solución, prepara tu salida en el trabajo

Si has encontrado un nuevo puesto en el que puedes empezar a trabajar, es el momento de preparar tu salida en el trabajo. Asimismo, si esa oportunidad todavía no ha llegado y has decidido que tu solución es irte, porque mentalmente no puedes más, también podrías hacer lo mismo. Pese a ello, entiendo que no todo el mundo es capaz de permitirse esta segunda opción, pues dependerá de tu colchón económico, de cómo sea tu situación en casa, de las responsabilidades o gastos que tengas y del contexto y apoyo social de tu entorno.

El paso final será el de redactar una **carta de renuncia** para entregarla a recursos humanos o a la persona encargada. Y, si al entregarla recibieras elogios o un oportuno (por ejemplo: «¿Qué vamos a hacer sin ti?»), recuerda que quienes ven el agotamiento como un medio para alcanzar la productividad y los beneficios siempre van a ignorar o minimizar el coste que está teniendo en tu bienestar físico y emocional. Entiendo que hayas puesto todo tu esfuerzo en ese trabajo, pero, si a pesar de todas tus mejores intenciones, las circunstancias no han mejorado, a veces **dejar ir es el primer paso para encontrar un lugar donde puedas brillar sin quemarte**.

PASO 6
Permítete disfrutar o celebrar la decisión

Celebrar la decisión de dejar un trabajo que te ha causado *burnout* es un **acto de valentía y autocuidado**. Sobre todo cuando se nos ha enseñado a valorar la productividad y el sacrificio personal por encima de la propia salud mental. Por eso, es importante que te permitas **celebrar ese momento** como reflejo del trabajo tan profundo que has tenido que hacer antes de tomar esa decisión. Dejar un trabajo que ha causado tanto malestar no es únicamente un acto de liberación, sino un recordatorio de los límites que no deben volver a cruzarse y un gesto de amor propio. Estás desafiando esa narrativa que asocia el valor personal con el trabajo y la productividad, y **estás dando un paso hacia una vida más equilibrada** y significativa.

Imagina que **eres la tripulante de un barco que está en medio de una tormenta**. Aunque actúas con valentía, al intentar mantener el rumbo, las olas golpean el barco y este empieza a hundirse. A pesar de tus esfuerzos, no eres capaz de cambiar la fuerza de la tormenta ni de arreglar los desperfectos que ha causado. Aferrarte a ese barco solo te llevará a hundirte con él. A veces, la única solución es abandonarlo, para que puedas encontrar un nuevo puerto donde las aguas sean más tranquilas y vuelvas a navegar, con más confianza que antes. Dejar ir ese barco puede abrirte nuevas oportunidades.

No seas la navegante ejemplar que naufraga en el navío. Al fin y al cabo, no eres la capitana. Y no vas a heredar la empresa.

AGRADECIMIENTOS

Querida lectora: gracias por haber sacado tiempo de tu ajetreada agenda para leerme. En una sociedad cuyo ritmo de vida es tan acelerado y el agotamiento parece ser la norma, haber decidido coger este libro de una estantería y empezar a leerlo para buscar respuestas es un acto de valentía y autocuidado que merece ser mencionado y elogiado. Espero que las herramientas que has encontrado en estas páginas te ayuden a conseguir lo que realmente te mereces y que, cuando cierres este libro, recuerdes que tienes un refugio para detenerte, respirar y sentirte arropada tantas veces como lo necesites. Gracias por permitirme acompañarte a recuperar tu luz.

Sin embargo, para que tú hayas podido tener en tus manos este libro, también tengo que agradecerles a mis editoras, Cristina Martínez y María José Millón, que me hayan dado la oportunidad de hacerlo. Gracias por sus constantes palabras de ánimo, sus ganas de seguir leyendo más y sus comentarios y sugerencias durante todo este proceso. Gracias por confiar en mí para hacer este viaje: me habéis permitido cumplir un sueño que mi versión lectora jamás habría creído posible.

No puedo despedirme de este libro sin expresar mi más sincero agradecimiento a todas las personas que han sido parte de este viaje. Gracias a mi madre, mi mayor ejemplo de fortaleza, perseverancia y resiliencia, quien me ha recordado siempre la importancia de no rendirse, de sortear los obstáculos o de buscar otros caminos cuando estos son muy altos. Gracias a mi padre: a pesar de no estar aquí desde hace una década, sigue siendo una presencia en todo lo que hago. Gracias por haberme animado siempre a perseguir mis sueños, a ser fiel a mis valores y principios, a apreciar todo aquello que nos puede ofrecer la vida, a introducirme en el maravilloso mundo de la lectura (sé que estarías tremendamente orgulloso) y a valorarme por quien realmente soy. Gracias a mi hermano, por ser un apoyo constante, por confiar plenamente en mi potencial y en mis habilidades y por estar dispuesto a escuchar en todo momento. Gracias al resto de mi familia, y a la de mi pareja, por ser una mano amiga y formar parte de mi vida.

Gracias a mi pareja, quien siempre ha confiado en mí cuando mis dudas e inseguridades nublaban mi propósito, y ha recogido la toalla cuando yo la tiraba y me rendía. Gracias por recordarme que merecía más: tú supiste ver, antes que yo, que no podía crecer en un ambiente que solo apagaba mi chispa e ilusión. Gracias también a mi perro Aquiles (sí, has leído bien), por estar a mi lado cuando yo escribía durante horas y por ser mi oyente más fiel cuando le decía, en voz alta, algunas partes del libro para ver cómo sonaban.

Gracias a mi amiga Marta, por declararse la mayor «fan» de este libro, incluso antes de habérselo leído. Gracias por vivir este proceso como si fuera el tuyo, por apostar siempre por mí y por todo lo que piensas que puedo conseguir. Gracias también por recordarme, cuando más lo necesitaba, que yo también tenía que parar y descansar. Gracias a Laura, Sandra, Leire, Álvaro, Rodrigo y al resto de mis amistades que, aunque no os nombre, formáis parte de mi vida y estáis ahí. Tanto para celebrar y disfrutar como para llorar y animar.

Gracias a las psicólogas colaboradoras de Gaman Psicología, no solo por formar parte de este, sino por demostrarme que el trabajo también se puede sentir como un refugio y una fuente de crecimiento y aprendizaje. Gracias a Diana, Sergio, Paula, Leyre, Alicia, Júlia, Alba, Lucía, Vanessa, Verónica, Sara y Valentina. Gracias también al grupo de «Angelicólogos» (solo ellos lo entenderán): sois un apoyo incondicional, un lugar en el que refugiarse, unas risas garantizadas y una segunda familia.

Gracias a las maravillosas personas que han confiado en mí para iniciar su proceso de terapia. Gracias por permitirme acompañaros en vuestros momentos más vulnerables y compartirme vuestras historias. Vuestra valentía y experiencia han sido la mayor fuente de inspiración de este libro. Me habéis enseñado que la capacidad de afrontamiento siempre está ahí y, aunque la presión y las dificultades de la vida puedan apagar vuestra luz, siempre encontráis la manera de volver a brillar. A las personas que actualmente estáis luchando contra el agotamiento del *burnout*, y a las que lo habéis conseguido, gracias. Estoy muy orgullosa de todas vosotras.

Y, por último, pero no menos importante, gracias a mi comunidad de Instagram. Estoy segura de que, sin vuestro constante apoyo, no estaría ahora mismo cumpliendo este sueño. Así que gracias a todas las personas que, diariamente, compartís mi contenido y confiáis en mí y en las profesionales de Gaman. Y gracias también a todas las compañeras de profesión que he conocido en ese espacio. Me han demostrado que es posible crear relaciones sanas y de apoyo sin pisarnos unas a otras y sin que exista ningún tipo de competitividad.

Mi gratitud no tiene límites.

BIBLIOGRAFÍA

1. El síndrome de quemarse por el trabajo

Ballesteros, E., *The Cure for Burnout*, 2014.

Buk, *Reporte de* burnout *laboral: ¿cómo prevenir un incendio en las organizaciones?*, 2023.

Freudenberger, H. J., «Staff Burn-Out», *Journal of Social Issues,* 30, 1 (1974), 59-65.

Garcés-Delgado, Y., García-Álvarez, E., López-Aguilar, D. y Álvarez-Pérez, P. R., «Incidencia del género en el estrés laboral y *burnout* del profesorado universitario», *Revista Iberoamericana sobre Calidad, Eficacia y Cambio en Educación,* 21 (3), 41-60.

Gil-Monte, P. R., *El síndrome de quemarse por el trabajo (*burnout*). Una enfermedad laboral en la sociedad del bienestar*, Pirámide, 2005, 48.

Gil-Monte, P. R., *Identificación de factores psicosociales relevantes para la calidad de vida laboral en unidades de enfermería a través de la evaluación de la construcción social del significado de quemarse por el trabajo (*burnout*)*, 2001 (datos no publicados del Proyecto de Investigación Precompetitivo UV00-4134).

Guías HBR. Cómo superar el burnout, Harvard Business Review Press-Reverté, 2021.

Lovo, J., «Síndrome de *burnout*: un problema», *Revista Entorno,* 70 (2021), 110-120.

Maslach, C., Jackson, S. E. y Leiter, M. P., *Maslach Burnout Inventory Manual*, Consulting Psychologists Press, 1996.

Selye, H., *The stress of life*, McGraw-Hill, 1956.

The Adecco Group, *Global Workforce of the future*, 2023.

2. Antes que nada, revisemos el pasado

Ballesteros, E., *The Cure for Burnout*, 2024.

Ellis, A. y Grieger, R., *Manual de terapia racional-emotiva. Estrés relacionado con el trabajo*, Agencia Europea para la Seguridad y la Salud en el Trabajo-Desclée De Brouwer, 2003.

Hernández Pacho, M., *¿Por qué la gente a la que quiero me hace daño?*, Desclée De Brouwer, 2019.

Petersen, A. H., *No puedo más. Cómo se convirtieron los milenials en la generación quemada*, Capitán Swing, 2020.

3. Recursos para extinguir el fuego

Alger, S., Lau, H. y Fishbein, W., «Slow wave sleep during a daytime nap is necessary for protection from subsequent interference and long-term retention», *Neurobiol Learn Mem,* 98, 2 (2012), 188-196.

Alvarado, V. *et al.*, «Impacto que tiene la falta de sueño sobre las habilidades cognitivas de una población de estudiantes de medicina», *Med. Leg. Costa Rica,* 29, 2 (2012), 19-38.

Beck, J. S., *Terapia cognitiva. Conceptos básicos y profundización*, Barcelona, Gedisa, 2000.

Breslau, N., Roth, T., Rosenthal, L. y Andreski, P., «Daytime sleepiness: an epidemiological study of young adults», *American Journal of Public Health,* 87 (1997), 1649-1653.

Bulzoni, S., *Dr. Weil's Breathing Exercises: 4-7-8 breath* (vídeo), <www.drweil.com/videos-features/videos/breathing-exercises-4-7-8-breath>.

Carvalho, V. S. *et al.*, «Please, Do Not Interrupt Me: Work-Family Balance and Segmentation Behavior as Mediators of Boundary Violations and Teleworkers Burnout and Flourishing», *Sustainability,* 13 (2021), 7339.

Congost, S., *Autoestima automática*, Zenith, 2015.

Covey, S., *Los siete hábitos de la gente altamente efectiva*, Nueva York, Free Press, 1989.

D'Zurilla, T. J. y Goldfried, M. R., «Problem solving and behavior modification», *Journal of Abnormal Psychology,* 78 (1971), 107-126.

Ellis, A., Grieger, R. y Marañón, A. S., *Manual de terapia racional emotiva*, Bilbao, Desclée De Brouwer, 1981.

Fernández-Ballesteros, R., *Evaluación psicológica. Conceptos, métodos y estudios de casos*, Pirámide, 2023, 235-270.

Freud, A. y Carcamo, C. E., *El yo y los mecanismos de defensa*, Paidós, 1961.

Gil-Monte, P. R. *et al.*, *Prevención y tratamiento del síndrome de quemarse por el trabajo*, Pirámide, 2019.

Gómez-Baggethun, E. y Manuel Nasredo, J., «El mito del trabajo: origen, evolución y perspectivas», *Papeles de Relaciones Ecosociales y Cambio Global,* 150 (2020), 9-22.

González, M. T. y Vanegas-Farfano, M., «Los pasatiempos y sus efectos en el manejo del estrés y el *burnout*», *Summa Psicológica UST,* 10, 2 (2013), 21-28.

Hendriksen, E., *How to be yourself. Quiet your inner critic and rise above social anxiety*, Macmillan, 2018.

Herold, D., «Instantes», *Reader's Digest* (1953).

Humphrey, S., «SWOT analysis for management consulting», *SRI Alumni Newsletter,* SRI International, 2005.

Jacobson, E., *Progressive relaxation,* Chicago, The University of Chicago Press, 1938.

Kabat-Zinn, J., *Mindfulness en la vida cotidiana. Donde quiera que vayas, ahí estás*, Paidós, 2009.

Kleitman, N., *Sleep and wakefulness*, Chicago, The University of Chicago Press, 1963.

Lahl, O., Wispel, C., Willigens, B. y Pietrowsky, R., «An ultra short episode of sleep is sufficient to promote declarative memory performance», *Sleep Res,* 17, 1 (2008), 3-10.

Lazarus, A. A., «On assertive behavior: A brief note», *Behavior Therapy* (1973), 697-699.

Leep Hunderfund, A. *et al.*, «Social Supporte, Social Isolation, and Burnout: Cross-Sectional Study of U.S. Residents Exploring Associations with Individual, Interpersonal, Program, and Work-Related Factors», *Academic Medicine,* 97, 8 (2022), 1184-1194.

Leikas, S., *Sociable behavior is related to later fatigue: moment-to-moment patterns of behavior and tiredness*, Heliyon, 2020.

Lovato, N. y Lack, L., «The effects of napping on cognitive functioning», *Prog Brain Res,* 185 (2010), 155-166.

Mednick, C. *et al.*, «Sleep and Rest Facilitate Implicit Memory in a Visual Search Task», *Vision Research,* 49, 21 (2009), 2557-2565.

Morgan, K., «Por qué nos definimos por nuestros trabajos (y cómo puede ser peligroso)», *BBC News Mundo*, <www.bbc.com/mundo/vert-cap-56754305>.

Orloff, J., *Empath's Survival Guide*, Nueva York, Harmony Books, 2017.

Plutchik, R., *Emotion. A Psychoevolutionary Synthesis*, Harper & Row, 1980.

Pujol, J., «Los efectos de dormir poco para la salud», *FMC: Formación Médica Continuada en Atención Primaria,* 32 (2025), 32-35.

Rizzolatti, G. y Sinigaglia, C., *Las neuronas espejo. Los mecanismos de la empatía emocional*, Paidós, 2006.

Roster, C. A. y Ferrari, J. R., «Does Work Stress Lead to Office Clutter, and How? Mediating Influences of Emotional Exhaustion and Indecision», *Environment and Behavior,* 52, 9 (2020), 923-944.

Ruiz y Luján, *Manual de psicoterapia cognitiva. Inventario de pensamientos automáticos*, 1991.

Ruiz, M. A., Díaz, M. I., y Villalobos, A., *Manual de técnicas de intervención cognitivo conductuales*, Bilbao, Desclée De Brouwer, 2012.

Sancho, J., «Sharon M. Koening: Tenemos 60.000 pensamientos al día y la mayoría son negativos», *La Vanguardia* (21 de marzo de 2012).

Tseng, J. y Poppenk, J., «Brain meta-state transitions demarcate thoughts across task contexts exposing the mental noise of trait neuroticism», *Nat Commun,* 11 (2020), 3480.

Wolpe, J., *Psicoterapia por inhibición recíproca*, Bilbao, Desclée De Brouwer, 1978.

4. Cuándo habría que hablar de dejar el trabajo

Maslow, A. H., «A theory of human motivation», *Psychological Review,* 50, 4 (1943), 370-396.

Este libro se terminó de imprimir
en el mes de octubre de 2025.